Louis Lavel

Science, esthétique, métaphysique

Essai

 Le code de la propriété intellectuelle du 1er juillet 1992 interdit en effet expressément la photocopie à usage collectif sans autorisation des ayants droit. Or, cette pratique s'est généralisée dans les établissements d'enseignement supérieur, provoquant une baisse brutale des achats de livres et de revues, au point que la possibilité même pour les auteurs de créer des œuvres nouvelles et de les faire éditer correctement est aujourd'hui menacée. En application de la loi du 11 mars 1957, il est interdit de reproduire intégralement ou partiellement le présent ouvrage, sur quelque support que ce soit, sans autorisation de l'Éditeur ou du Centre Français d'Exploitation du Droit de Copie , 20, rue Grands Augustins, 75006 Paris.

ISBN : 978-2-37976-205-5

10 9 8 7 6 5 4 3 2 1

Louis Lavelle

Science, esthétique, métaphysique

Essai

Table de Matières

PREMIÈRE PARTIE 7

DEUXIÈME PARTIE 49

TROISIÈME PARTIE 118

PREMIÈRE PARTIE

I. LA NOUVELLE PHYSIQUE

M. Louis de Broglie vient de réunir, sous le titre : *Matière et lumière*, un certain nombre d'études sur les aspects généraux de la physique contemporaine, qu'il avait fait paraître antérieurement dans différentes revues. Le recueil inaugure une collection nouvelle « Sciences d'aujourd'hui » (A. Michel), dirigée par M. André George, et qui s'est enrichie récemment d'un autre volume dû à M. Jean Thibaud : *Vie et transmutation des atomes*. Cette collection, qui se réclame elle-même d'un « humanisme scientifique », s'adresse à un public cultivé auquel des savants éminents, indifférents à tout souci de vulgarisation, se proposent pourtant de servir de guides, afin de lui faire comprendre l'état actuel de la recherche scientifique, la nature des problèmes qu'elle pose et des méthodes qu'elle pratique, la signification et la portée des découvertes de plus en plus étonnantes qu'elle nous apporte chaque jour.

Il n'y a personne aujourd'hui qui puisse se désintéresser de cette extraordinaire entreprise par laquelle l'esprit humain substitue à la représentation du monde que nous avons sous les yeux une représentation qui en est toute différente, qui est le produit à la fois des instruments et du calcul mathématique, et qui jouit du privilège paradoxal de décupler notre action sur les choses et de bouleverser les conditions mêmes de notre existence terrestre. La science donne à l'esprit une sorte d'ivresse. Il semble qu'elle mette entre les mains de l'homme une partie de la puissance créatrice. Elle est une arme prodigieuse, dont la valeur dépend de l'usage qu'il en fera. C'est pour cela qu'elle donne une sorte d'effroi à ceux mêmes qui l'admirent et qui l'aiment le plus, et qui ont consacré leur vie tout entière à la promouvoir ; il leur arrive de se demander si les moyens qu'elle nous donne ne peuvent point servir notre folie aussi bien que notre sagesse ; si elle porte en elle-même sa propre discipline ; et si cette magnifique conquête de la civilisation chargée de tant d'espérances et de promesses ne risque pas de précipiter la catastrophe où cette civilisation elle-même viendra s'engloutir.

On peut dire que le savant se plaçait autrefois devant le monde comme devant une énigme qu'il cherchait à déchiffrer. Mais n'est-ce pas la science elle-même qui est devenue pour l'homme une énigme à son tour ?

La science ne cherche plus à nous donner une image des choses. Elle les transforme et y ajoute. Et le problème est pour nous de savoir quelle est la fin que poursuit notre esprit dans cette merveilleuse aventure, si c'est de pénétrer le secret du réel, de nous donner la maîtrise du monde, ou d'exercer ses propres forces sur cet obstacle que la matière lui offre et qui l'oblige à faire l'épreuve de lui-même et à se dépasser toujours.

Car la science est au point de rencontre du réel et de l'esprit. Mais nous ne pouvons plus faire de l'esprit un miroir qui nous donnerait du réel un portrait de plus en plus fidèle. L'esprit est une activité qui se porte au-devant de l'objet, armé de questions qu'il lui adresse, d'exigences auxquelles il lui demande de satisfaire, d'outils par lesquels il démembre sa structure ou la modifie selon ses desseins, de formules mathématiques qui sont comme les grilles à travers lesquelles il en constitue la représentation schématisée. Ainsi, l'objet scientifique est l'œuvre de la science aussi bien que de la nature. Pendant longtemps, on avait conçu l'espoir de dénombrer les cadres fondamentaux à l'intérieur desquels la pensée devait faire entrer les phénomènes afin de les comprendre : tels étaient l'espace euclidien, le temps uniforme, le déterminisme causal et les axiomes de la mécanique classique. Mais il s'est produit, depuis le début du siècle, une véritable crise de la physique, qui a ébranlé l'un après l'autre les principes sur lesquels reposait jusque-là tout l'édifice de la connaissance et qui nous semblaient être comme les colonnes de notre raison. Le temps et l'espace ont perdu leur architecture traditionnelle ; la causalité s'est peu à peu dissoute dans la simple interprétation de certains résultats statistiques ; les modèles rigides d'explication que nous avaient légués Descartes et Newton ont éclaté et cédé la place à des formules plus souples, presque fluides, chargées de possibilités différentes, qui semblent s'exclure, et où le détail des phénomènes ne réussit jamais tout à fait à tenir. Et l'on ne sait pas ce qui nous étonne le plus, de cette fécondité surabondante du réel qui surpasse toujours tous les concepts de la pensée, ou de cette puissance de renouvellement de l'esprit qui reste toujours en apprentissage, qui brise ses méthodes les mieux éprouvées quand elles ont cessé de le servir, et qui, si l'on peut dire,

PREMIÈRE PARTIE

se réinvente lui-même indéfiniment.

*

La caractéristique de la nouvelle physique, c'est que les phénomènes que nous voyons y reçoivent leur explication dans un monde qui est à une autre échelle : elle est devenue une microphysique. Or, si les lois qui dominent encore aujourd'hui notre science n'ont de sens et de valeur qu'à l'intérieur de cette expérience commune, qui est en rapport avec la portée de nos sens et avec l'ampleur de nos actions habituelles, il semble que les choses se passent autrement dans le laboratoire secret où ces apparences s'élaborent. Et c'est sur ce point sans doute que les nouvelles conceptions de la science nous apportent le plus de surprise. Tous les mondes successifs que Pascal découvre dans le ciron ressemblent au grand monde où vit le ciron ; ils sont gouvernés par les mêmes lois : il n'y a que les proportions qui se trouvent changées. Swift s'attache à montrer avec le zèle le plus minutieux que le monde de Lilliput est homothétique à celui de Brobdingnag et au nôtre. Mais il n'en est plus ainsi quand on passe du corps à l'atome. Et cette disparité est une source infinie de réflexion pour notre esprit.

M. Louis de Broglie nous montre sur trois exemples différents les caractéristiques essentielles de la nouvelle physique : il nous explique comment elle a été amenée, pour rendre compte des phénomènes lumineux, à associer les deux notions en apparence incompatibles d'onde et de corpuscule ; comment l'idée du *quantum d'action* a profondément modifié les conceptions que l'on s'était faites jusque-là de l'énergie physique ; comment enfin toute recherche implique certaines *relations d'incertitude* qui résultent de la nécessité où nous sommes d'introduire toujours dans la représentation de l'objet observé la considération de certains effets inséparables des méthodes mêmes de l'observation.

Sur le premier point tout le monde connaît les résultats des admirables travaux de M. Louis de Broglie lui-même, et qui ont préparé la constitution d'une mécanique de forme nouvelle à laquelle on a donné le nom de mécanique ondulatoire. L'intérêt philosophique d'une telle découverte est considérable. Car elle est un effort synthétique pour réconcilier non pas seulement deux sortes d'hypothèses scientifiques dont l'opposition avait semblé décisive, mais encore deux exigences de l'esprit humain, toutes deux nécessaires, et qui paraissent s'exclure. Le monde, en effet, tel qu'il se montre à nous dans l'espace, est une nappe continue dans laquelle il n'y a ni interruption ni fissure. Et pourtant, dès que nous commençons à le penser, nous distinguons en lui des parties, et nous poussons cette distinction aussi loin que possible jusqu'au moment où nous rencontrons des éléments qui ne puissent plus être divisés : dès lors l'esprit éprouve une grande satisfaction à pouvoir à l'aide d'éléments identiques, et par la seule différence de leur nombre et de leur distance, reconstruire tous les aspects du réel. Seulement en quoi consiste l'intervalle même entre ces éléments, qui leur permet de se mouvoir, de se rapprocher et de s'unir ? La continuité du monde n'est pas une pure illusion ; la discontinuité la suppose comme une condition de sa possibilité et de son jeu.

La même antinomie s'est retrouvée, mais avec une précision singulièrement troublante, dans les théories de la lumière. La lumière était considérée par les anciens, mais aussi par Newton, comme formée par une émission de corpuscules extrêmement rapides. Seulement Fresnel devait montrer que si cette hypothèse explique bien ses principales propriétés : à savoir la propagation rectiligne, la réflexion et la réfraction, elle échoue quand il s'agit de certains phénomènes plus subtils, comme les interférences et la diffraction. On réussit au contraire à en rendre compte si on la considère comme une succession de vagues ou d'ondulations formées de crêtes et de creux et qui, en se recouvrant, tantôt se renforcent ou tantôt se contrarient. On pouvait penser alors que la vérité de la théorie ondulatoire était pour ainsi dire démontrée. Mais une théorie n'est jamais qu'une vue de l'esprit ; et l'on rencontre toujours quelque fait nouveau qu'elle ne réussit pas à réduire. Ici les faits nouveaux sont assez nombreux : le plus remarquable est l'effet photo-électrique qui montre que, si on éclaire un métal par exemple, il expulse des électrons. Mais dans la théorie ondulatoire une source lumineuse émet une onde dont l'énergie décroît à mesure qu'elle s'éloigne de cette source ; or l'observation de l'effet photo-électrique témoigne au contraire que l'action exercée par la lumière sur les atomes d'un corps est la même quel que soit son éloignement de la source : elle ne dépend que de la fréquence de la radiation ; ce qui a conduit M. Einstein à imaginer que l'onde est faite de corpuscules qui gardent leur énergie au cours de leur mouvement, « comme un obus rem-

PREMIÈRE PARTIE

pli d'explosif possède à toute distance de la bouche à feu la même capacité de destruction ». On ne pouvait pas, d'autre part, renoncer au caractère ondulatoire du phénomène lumineux, qui seul rendait raison des interférences et de la diffraction. Il fallait donc associer dans la théorie de la lumière l'onde avec le corpuscule, en supposant que la densité du nuage de corpuscules était en chaque point proportionnelle à l'intensité de l'onde. Parallèlement, dans la théorie de la matière, on montrait que la description des phénomènes ne peut se faire à l'aide de la seule image des corpuscules sans requérir l'image complémentaire des ondes. Dès lors l'onde et le corpuscule apparaissent donc comme nécessairement liés. Et même on peut dire que c'est parce qu'il est impossible de suivre l'évolution individuelle des corpuscules que l'onde intervient pour nous permettre de prévoir, par le moyen de la statistique, à la fois leur répartition et leur mouvement. Ainsi voit-on au cours de l'histoire une sorte de flux et de reflux des événements dans lequel tous les individus se trouvent entraînés sans que l'on puisse déterminer la part originale que chacun d'eux a pu y prendre.

La mécanique ondulatoire à son tour ne peut pas être séparée de l'hypothèse des *quanta*, de ces mystérieux *quanta* qui, selon M. Louis de Broglie, « après s'être faufilés dans la théorie du rayonnement, ont envahi toute la physique ». En étudiant la loi du rayonnement noir, M. Planck avait formulé l'hypothèse que la matière émet et absorbe les radiations par quantités finies, par *quanta* ; le *quantum* d'énergie était proportionnel à la fréquence de la radiation ; il était égal au produit de cette fréquence par une constante numérique h, à laquelle le nom de M. Planck est resté attaché. Mais cette constante devait remporter bientôt de nouveaux succès. Tout le monde connaît en effet la description si célèbre que M. Bohr a faite de l'atome en le comparant au système solaire. Or il se trouve que les électrons qui tournent comme des planètes autour du noyau central ne peuvent pas prendre tous les mouvements que la mécanique classique reconnaît comme possibles, mais certains d'entre eux seulement, que l'on appelle pour cette raison « des mouvements quantifiés » : seuls sont stables les mouvements où figurent des nombres entiers. Ainsi nous sommes amenés à introduire l'onde à l'intérieur de l'atome afin de le transformer en un système vibrant qui, comme tous les systèmes vibrants, a ses périodes propres. La constante h devient ainsi une sorte de trait d'union entre l'image du réel que nous fournissent les ondes et l'image que nous fournissent les corpuscules. C'est seulement si elle devenait infiniment petite que nous retrouverions les lois de la mécanique classique. Enfin, si nous revenons à l'effet photo-électrique, nous voyons que ce qu'il nous a mis en évidence, ce sont de véritables *quanta* de lumière auxquels on a donné le nom de photons, et qui achèvent de nous montrer que nous sommes là sans doute en présence d'un phénomène tout à fait général et qui constitue une caractéristique essentielle de la réalité.

Mais il est difficile de discerner sa véritable signification. La constante de Planck est restée dans le langage de la nature « la syllabe indéchiffrable ». Par contre on aperçoit aisément comment elle altère profondément le visage classique de notre science. M. Louis de Broglie cite la phrase célèbre de Laplace qui exprime admirablement l'ancienne foi du savant en un déterminisme rigoureux et universel : « Une intelligence qui, pour un instant donné, connaîtrait toutes les forces dont la nature est animée et la situation respective des êtres qui la composent, si d'ailleurs elle était assez vaste pour soumettre ces données à l'analyse, embrasserait dans la même formule les mouvements des plus grands corps de l'univers et ceux des plus légers atomes : rien ne serait incertain pour elle, et l'avenir comme le passé seraient présents à ses yeux. » C'est là une assertion que la physique nouvelle ne ratifie plus. Car, si dans la théorie de la matière il y a une liaison de l'onde et du corpuscule telle que la vitesse du corpuscule soit liée à la longueur d'onde par une relation où figure la constante de Planck, on arrive à montrer que nous ne pouvons plus connaître simultanément avec précision la position et le mouvement du corpuscule : tel est le sens des relations d'incertitude d'Heisenberg.

On peut dire que la physique classique supposait l'existence d'une réalité objective indépendante des méthodes d'observation et de mesure. Or la constante de Planck montre que dans les régions les plus ténues de la réalité, où les mesures portent sur des grandeurs de plus en plus faibles, on ne peut faire décroître à l'infini l'action exercée sur le monde extérieur par l'appareil dont se sert l'expérimentateur. Ce qui a permis à M. Bohr d'évoquer l'exemple célèbre des modifications introduites par l'introspection dans l'étude des phénomènes psychologiques, pour soutenir que la physique quantique rend incertaine la distinction entre l'objectif et le subjectif : formule que M. Louis de Broglie rectifie avec beaucoup de bonheur en observant que les instruments de mesure appartiennent encore à l'objet, de telle sorte que l'on peut dire seulement de la physique classique que la coupure qu'elle établissait entre l'objet et le sujet était une coupure artificielle.

Ces brèves remarques suffisent à montrer la valeur exceptionnelle que présentent pour les philosophes les principaux résultats de la physique quantique. Dans le développement de la science l'esprit met en œuvre à la fois sa fécondité inventive et ses exigences les plus profondes et les plus secrètes : cela ne va point sans ébranler les habitudes qui s'étaient introduites et consolidées en lui par degrés et l'idée même qu'il se faisait jusque-là de lui-même ; on ne s'étonnera donc pas que le philosophe trouve dans toutes les crises de croissance de la science un objet de réflexion privilégiée. L'historien qui essayera d'embrasser plus tard le mouvement des idées de notre temps sera frappé sans doute par la convergence remarquable de la pensée scientifique et de la pensée philosophique, s'il est vrai d'une part que, dans la relation entre le corpuscule et l'onde, la pensée concrétise la relation idéale entre l'individu, qui est la seule réalité, mais qui ne peut jamais être isolé, et le système dont il fait partie, sans lequel on ne pourrait pas le connaître, mais qui ne permet, en ce qui le concerne, que des connaissances probables ; s'il est vrai d'autre part que dans le quantum d'action la pensée cherche à reconnaître une réalité qui surpasse toutes les descriptions que l'on peut faire dans l'espace et dans le temps, bien qu'elle ait besoin de l'espace et du temps pour se manifester ; et s'il est vrai enfin que les relations d'incertitude font éclater l'impossibilité où nous sommes de considérer le sujet comme affronté à un monde qui pourrait devenir pour lui un spectacle pur, alors qu'il est profondément engagé dans ce monde et que la moindre de ses démarches contribue non pas seulement à le modifier, mais à le faire.

8 août 1937.

II. LA STRUCTURE DU RÉEL

La pensée de chacun de nous, comme celle de l'humanité entière, ne cesse d'osciller de l'idéalisme au réalisme. Nous savons bien que nous ne pouvons pas dépasser l'horizon de notre conscience et que nous ne vivons jamais qu'au milieu de nos sentiments et de nos idées : et pourtant il nous semble que c'est là un monde fragile et inconsistant, incapable de se soutenir par ses seules forces et qui a besoin du contact et de l'épreuve des choses pour trouver un aliment et ne point demeurer un rêve pur. La pensée est ductile, mais le réel est résistant ; elle est diaphane, mais le réel est opaque ; elle est un phénomène de surface, tandis que le réel présente une invincible épaisseur. C'est la pensée qui nous fait être et qui donne un sens à tout ce qui est ; mais elle s'enracine dans une réalité qui la dépasse et d'où elle tire toute la sève qui la nourrit.

Il y a un autre aspect de l'idéalisme qui nous oblige à ne jamais nous contenter de l'objet qui nous est donné, à poursuivre une fin qui recule toujours devant nous, parce qu'au moment où nous sommes près de l'obtenir elle a cessé déjà de nous suffire ; mais il nous arrive de regarder comme un chimérique cet idéaliste qui est en nous, et de penser que le réel qu'il nous invite à quitter est peut-être plus riche et plus plein que l'idéal qu'il nous oblige à poursuivre. Comment en serait-il autrement si c'est dans le présent que nous sommes tenus de vivre, si, à chaque minute la totalité du monde est déployée devant nous et si, en nous plaignant toujours de l'insuffisance du réel, nous montrons seulement notre faiblesse qui est incapable de s'en emparer et d'en jouir. Car il est toujours plus facile à l'homme de désirer ce qu'il n'a pas que de posséder et de mettre en œuvre ce qu'il a.

On trouve dans la philosophie française contemporaine un courant idéaliste qui remonte sans doute à Descartes, mais qui a reçu un afflux d'idées kantiennes ou hégéliennes et qui peut se jalonner par l'influence de Boutroux et de Lachelier, par l'œuvre dialectique d'Hamelin, par les études de morale et d'histoire de M. Parodi, par l'effort de M. Brunschvicg pour saisir la vie sinueuse de l'intelligence à travers le progrès de la connaissance scientifique, par la tentative de M. Le Senne pour faire sortir de la contradiction que l'esprit trouve au fond de lui-même l'obligation de la vaincre en se dépassant. Cet idéalisme, qui a toujours cherché à assurer la prééminence de l'esprit sur le réel, auquel il dicte sa loi et qu'il soumet à sa juridiction, a toujours rencontré une résistance chez les positivistes, qui ne veulent connaître que des phénomènes, et se contentent de demander à l'expérience les relations régulières qui les unissent. Et, bien que les positivistes refusent de se laisser ranger parmi eux, ils entretiennent avec les matérialistes d'assez bons rapports.

Mais la doctrine qui est l'inverse de l'idéalisme n'est ni le positivisme ni le matérialisme : c'est le réalisme, qui subordonne l'esprit à une réalité dont il doit subir la présence et jusqu'à un certain point épouser la forme ; il ne doit être confondu ni avec le positivisme, qui ne s'intéresse pas aux choses, mais seulement aux apparences, ni avec le matérialisme, qui mutile indûment le réel et prétend le réduire à une combinaison d'éléments inertes et inanimés. Bien plus, si, sans tenir compte d'une influence récente exercée sur nous par le néo-réalisme anglais ou américain, nous cherchons des traces d'une inspiration réaliste dans la philosophie française contemporaine, nous ne pourrons en trouver que chez des penseurs qui sont en même temps des adversaires du positivisme : chez M. Bergson d'abord, qui, dans l'admirable chapitre premier de *Matière et Mémoire*, nous montre que la perception coïncide avec la chose dans l'instantané, de telle sorte que nous percevons celle-ci non point en nous, mais là où elle est, et qu'il faut l'envelopper de souvenirs et lui donner la coloration du passé pour qu'elle se transforme en un état subjectif et qui semble nous appartenir ; chez M. Meyerson, qui, contrairement au positivisme, croit à l'existence d'une réalité substantielle, que le savant essaye de connaître et dont il cherche à se rapprocher de plus en plus, bien que, par une sorte de paradoxe, tout l'effort de la raison soit d'abolir sans cesse cette diversité que les choses mêmes ne cessent de nous offrir ; chez M. Maritain et les néo-thomistes, enfin, qui, eux aussi, contredisent à la fois le positivisme et l'idéalisme et qui, tout en reconnaissant qu'il ne peut y avoir d'objet que pour un sujet, exigent que dans cet objet même, et pour ainsi dire à travers lui, nous puissions appréhender une chose réelle, qui subsiste par soi et qui demeure irréductible à la pensée que nous en avons. Enfin, en répudiant tout lien avec aucun des penseurs que nous venons de citer, en les critiquant même parfois avec âpreté, un jeune philosophe, M. Ruyer, dans un livre fort discuté, intitulé *Esquisse d'une philosophie de la structure* (Alcan), entreprend de poser les principes d'un réalisme intégral qui peut servir de thème à notre réflexion.

*

L'originalité de M. Ruyer, c'est de penser que le réel est sans mystère. Le réel ne possède pas d'arrière-plan destiné à émouvoir les puissances de l'émotion et du rêve. On a tort de voir en lui « de l'intelligible épaissi ». On doit le prendre tel qu'il est, dans une expérience qui nous livre immédiatement sa véritable nature ; il faut renoncer surtout à tous les faux problèmes que posent les philosophes sur son origine, et même sur sa relation avec un esprit qui chercherait à le dominer ou à le déduire. Le réel, c'est ce que nous sommes capables d'atteindre ; mais il ne s'écroule pas, comme le pense l'idéalisme, quand nous cessons de le percevoir ; il garde alors tous les caractères qui lui appartiennent en propre ; il perd seulement tous ceux qui résultaient de sa rencontre avec nous et qui produisaient en nous son image.

Mais le privilège du réel, c'est de se montrer à nous ; nous le découvrons toujours dans une révélation : il s'agit donc de reconnaître quel est l'aspect qu'il présente à nos yeux. Or, dire qu'il est astreint à revêtir un certain aspect, c'est dire qu'il possède toujours une structure ou une « forme ». Voilà le mot essentiel enfin prononcé ; le réel est constitué par des formes et il n'y a rien de plus en lui que des formes ; les éléments que l'on peut distinguer en elles sont eux-mêmes des formes inférieures susceptibles d'entrer dans divers assemblages. Le mot forme, qui avait connu une telle fortune dans l'aristotélisme et dans la scolastique, reçoit ainsi un crédit nouveau. Mais la forme dont on nous parle n'est plus une unité idéale qui imprime sa marque sur le réel : c'est une liaison objective entre certaines positions de l'espace et du temps qui peut être saisie par une expérience et qui possède hors de nous une existence globale et indépendante.

Nous voici donc très loin de la représentation de l'univers à laquelle nous avait habitués la philosophie si subtile et si souple de M. Bergson : nous ne voyons plus les différents aspects du réel s'interpénétrer et se fondre, les frontières entre les choses s'effacer et chacune d'elles s'entourer d'une sorte de halo qui semblait la faire

rayonner sur la totalité du monde. Nous ne sommes plus à l'époque où la lumière dissolvait tous les contours, mais à l'époque où elle souligne des plans et circonscrit des volumes.

Or, l'originalité la plus profonde du réalisme, c'est précisément de considérer cette structure de l'expérience comme exprimant non point les différents effets d'un modelage auquel l'esprit soumettrait une matière d'abord informe, mais les propriétés fondamentales des choses elles-mêmes. Aussi voit-on d'autres réalistes comme M. Meyerson tantôt chercher au milieu de la complexité de la nature à reconnaître certaines *fibres* composées de phénomènes toujours solidaires, ou certains *plans de clivage* permettant à des lois d'apparaître, tantôt affirmer qu'il existe entre les attributs du réel une *cohérence* essentielle qui introduit dans le monde des formes définies et indépendantes. De la même manière Whitehead considère les objets comme des faisceaux permanents de propriétés qui peuvent se répéter et qui entrent comme ingrédients dans certains événements passagers faits de leur assemblage. Il n'y a pas jusqu'aux psychologues eux-mêmes qui ne prétendent prouver que la conscience appréhende immédiatement certains systèmes de positions sans avoir besoin de les reconstruire en partant de leurs éléments ; et nous montrerons un jour l'ampleur qu'ont prise dans l'Allemagne contemporaine toutes ces recherches expérimentales, qui ont été justement réunies sous le nom de théorie de la forme ou de *Gestalttheorie*.

Mais la pensée de M. Ruyer suit un mouvement qui lui est propre, et qui est si direct et si simple qu'on se demande parfois s'il abolit la philosophie ou s'il la délivre. Puisque la caractéristique du réel c'est de se montrer à nous dans l'espace et dans le temps, on doit reconnaître aussitôt que tous les objets ont dans l'espace une certaine configuration particulière et que tous les événements ont dans le temps un rythme qui leur est propre. Mais il ne faut pas se laisser arrêter par cette conception traditionnelle de la science d'après laquelle ces objets ou ces événements ne seraient eux-mêmes que de pures apparences dissimulant des actions mécaniques entre des corpuscules séparés. Sans doute, nous sommes accoutumés, depuis Démocrite, à considérer le réel comme formé d'atomes qui ne cessent de se heurter et qui, en se réunissant et en se dispersant, donnent naissance à la diversité des aspects du monde. Et notre représentation de la matière est toujours demeurée conforme à ce modèle. Ainsi, Poincaré pouvait comparer le monde, tel que la mécanique nous le présente, à une « immense partie de billard », une partie, il est vrai, dans laquelle on ne voit point de joueur, même pour donner à une bille la chiquenaude qui commence le jeu. La théorie électronique introduit des images nouvelles, mais elle pulvérise encore le réel, selon Eddington, en « un essaim de petites mouches vibrantes ». Or, le propre du réalisme, c'est de soutenir que les liaisons ont autant de réalité que les éléments qu'elles lient.

On ne saurait contester que l'idée de la forme soit empruntée à notre expérience visuelle : c'est le jeu de l'ombre et de la lumière qui dessine la forme des corps, et c'est le regard qui permet de la parcourir et de l'embrasser. Le toucher ne parvient à la saisir qu'avec plus de difficulté, il n'en reconnaît pas l'unité aussi vite. Toute forme est donc évidemment dans l'espace : seulement la théorie de la relativité nous a appris que l'espace et le temps ne peuvent pas être disjoints, ce qui nous oblige à considérer chaque forme comme un système conjugué de points et d'instants. Ce système épuise tout le réel. Il serait vain de prétendre que toute forme délimite et circonscrit une matière posée d'abord : la matière elle-même n'est rien de plus qu'une forme, c'est-à-dire une ride de cet Espace-Temps qui constitue pour nous la totalité de l'univers. Le mouvement, par suite, est une forme : et le type le plus distinct de la forme, c'est la machine qui est construite par l'homme et qu'il faut appréhender à la fois dans ses rouages et dans son fonctionnement. Tous les événements historiques sont des formes : et la forme de l'être vivant, ce n'est pas seulement son apparence extérieure ni la disposition de ses différents organes, c'est encore le sillage qu'il trace dans le monde entre les deux bornes de la naissance et de la mort. Il y a donc une évolution des formes : elles ne cessent d'interférer les unes avec les autres et par conséquent de se déformer, c'est-à-dire de se créer et de se détruire.

Une classification des différentes formes devrait représenter à nos yeux la structure même de l'univers. Le type élémentaire de la forme, c'est sans doute la figure géométrique que nous pouvons engendrer par une loi simple : et la nature nous en offre une sorte de témoin sensible dans le cristal. En donnant à ce mot un sens un peu large, nous pourrions dire que la propriété essentielle du réel, c'est qu'il cristallise. Toutes les œuvres de l'industrie humaine ont pour objet de faire apparaître dans le monde quelque forme nouvelle : et le propre de la physique et de la chimie, c'est de reprendre sous main l'ouvrage de la nature et d'y reconnaître des formes qui doivent nous permettre de pénétrer pour ainsi dire dans sa texture et d'introduire en elle une possibilité d'action. Les végétaux et les animaux, l'arbre ou l'oiseau sont des formes si variées, si délicates et si souples, qu'elles obéissent à une géométrie qui nous surpasse : l'on ne peut entreprendre de les penser qu'en les réduisant à des schémas grêles et rigides qui les privent de tout ce qui faisait leur individualité, leur vie et leur poésie, c'est-à-dire leur réalité même.

Bien plus, en nous comme hors de nous, est-il possible de trouver autre chose que des formes ? Un raisonnement ne peut-il pas être comparé à une machine mentale ? La psychanalyse ne nous a-t-elle pas habitués à discerner dans l'âme humaine d'étranges « complexes », plus ou moins stables ou fragiles, mais qui dessinent à tout instant la forme même de notre moi ? Qu'est-ce que notre caractère, sinon l'agencement intérieur de nos états et de nos tendances ? Et les sentiments les plus profonds comme l'amour, les mouvements les plus inattendus et les plus personnels de l'imagination et du désir sont-ils rien de plus que des modifications de notre équilibre intérieur, des changements de configuration de notre être secret ? Se connaître, c'est donc saisir une forme qui nous révèle à nous-mêmes. Et M. Ruyer cite ce texte remarquable de Marcel Proust qui, mieux qu'aucun autre psychologue, nous a rendu sensible pourtant l'infinie fluidité de la conscience : « Cette connaissance, que ne m'avaient pas donnée les plus fines perceptions de l'esprit, venait de m'être apportée, dure, éclatante, étrange *comme un sel cristallisé* par la brusque réalité de la douleur. »

*

Il est dommage que M. Ruyer, afin de donner plus de force et d'unité à sa thèse, l'ait compromise par une interprétation de la connaissance que l'expérience ne confirme pas. On acceptera que l'univers est constitué par des formes qui s'offrent toujours à nous dans l'espace et dans le temps, et que les images mentales sont elles-mêmes des formes particulières qui expriment la liaison du réel et de l'organisme. On ne chicanera pas la métaphore qui fait de la sensation une clé qui, en ouvrant cette serrure qu'est pour nous le cerveau, nous donne accès sur le réel, ni même cette supposition, pourtant gratuite, que si l'on pouvait construire un automate qui possédât toute la fine architecture de notre système nerveux il serait pourvu de conscience. On se plaira à noter que, puisque l'image est elle-même une forme, elle doit agir sur le réel et ne pas rester inefficace, comme le voulait l'épiphénoménisme. Mais, bien qu'il n'y ait assurément point de connaissance qui ne suppose une action du cerveau et une relation de l'objet avec lui, il n'est pas vrai de dire que « les souvenirs et les sensations sont des réalités enfermées par les os de notre crâne ». Ce cerveau qui surplombe notre organisme en est la partie la plus insensible et la plus ignorée : nous apprenons à le découvrir comme une forme étrangère dans les atlas des anatomistes. Et puisqu'on attribue justement à l'image le caractère d'être étendue, pourquoi refuser de la situer, comme le font M. Bergson et le sens commun, au lieu même où nous la voyons, et la forcer d'entrer dans un cerveau que nous ne voyons pas ?

Mais on évite difficilement de se laisser fasciner par les images, c'est-à-dire par les formes. Aussi l'esprit à la fin s'absorbe-t-il en elles et voit-il sa propre réalité s'évanouir. M. Ruyer considère les mots idée et pensée comme vides de sens ; il regrette d'être obligé encore de se servir des termes connaissance, volonté, intention, et surtout des pronoms personnels. Il abolit à chaque instant le spectateur dans le spectacle, mais il s'oublie lui-même, qui le domine, au moment même où il le décrit. Nous le louons certes de vouloir rendre justice à l'univers visible et même de s'enquérir seulement, comme le dit Aristote, de « ce qu'il a été donné à chaque chose d'être ». Mais son réalisme ressemble souvent à un idéalisme retourné. Car s'il ne consent pas à immobiliser les êtres et les choses dans le palais de la Belle au bois dormant, c'est que les formes sont toujours en formation ; elles se construisent sous nos yeux ; même quand elles n'ont pas besoin de notre concours, elles nous font assister à leur genèse. On ne peut pas les voir sans les refaire ; quand elles se présentent à nous, c'est l'intelligibilité même du réel qui nous devient présente. M. Ruyer craint par-dessus tout d'attribuer à la conscience la moindre efficacité dans la création des formes que le monde est capable de revêtir ; seulement on peut penser que c'est dans sa conscience qu'il poursuit ce rêve charmant et contradictoire : « Que l'homme redevienne aussi inconscient que les cristaux de glace qui se forment sur les vitres pour produire des formes aussi naïvement originales que les fougères du givre. »

4 décembre 1932.

III. DE DÉMOCRITE À M. LOUIS DE BROGLIE [1]

Les progrès de la science ont toujours été épiés par la réflexion philosophique, tandis que les spéculations des philosophes laissent la plupart des savants indifférents. Les savants sont habitués à résoudre des problèmes particuliers par des méthodes positives et à obtenir des résultats vérifiables. Aussi traitent-ils volontiers de chimères toutes les recherches plus générales qui portent sur la signification d'un univers dont ils se bornent à décrire la figure. Si parfois, relevant le front au-dessus de la tâche quotidienne, ils se posent une question sur la valeur de la personnalité humaine et sur sa destinée, il leur arrive tantôt de s'adresser à la religion qui leur fournit une réponse toute prête, tantôt de s'enfermer dans la croyance désespérée à un absolu inconnaissable. Mais le philosophe suit avec la plus exacte attention le mouvement des idées scientifiques. Car le monde matériel est l'objet immédiat de notre pensée ; il est le lieu de notre action. Il est pour nous un obstacle et un instrument. C'est en cherchant à le connaître que l'intelligence découvre ses propres lois. C'est en cherchant à le modifier que notre volonté découvre ses limites et sa puissance. Ainsi, dès que le savant nous contraint à transformer notre représentation de la réalité, le philosophe essaie de surprendre, à travers cette transformation elle-même, la possibilité d'un nouvel ordre de rapports entre la conscience et la nature. Le savant proteste souvent contre de telles interprétations. Il ne pourrait en assumer la responsabilité qu'en se mettant à philosopher. Mais, sans aller lui-même jusquelà, il appelle et il provoque parfois la réflexion du philosophe sur

---

1 *Démocrite*, traduction de Maurice Solovine, 1 vol. (Alcan). — *Epicure*, traduction de Maurice Solovine, 1 vol. (Alcan). — *Louis de Broglie*, articles de la *Revue de Métaphysique et de Morale* (numéros d'octobre-décembre 1927 et d'octobre-décembre 1929), des *Cahiers de la nouvelle journée* (15ᵉ cahier 1929), de la *Revue scientifique* [numéro du 11 janvier 1930].

les résultats qu'il vient d'obtenir. C'est ainsi que M. Louis de Broglie, dans la conférence faite à Stockholm le 11 décembre 1929 à l'occasion de la remise des prix Nobel, reconnaissait que la discussion de ses découvertes doit conduire naturellement « jusqu'aux confins de la philosophie ». Un autre jour, il déclarait avec plus de précision encore qu'il appartient aux philosophes de voir si les idées nouvelles de la physique moderne « peuvent contribuer dans une certaine mesure à combler le fossé qui, jusqu'ici, semblait séparer artificiellement le monde matériel du monde moral ».

Quelles sont donc ces idées nouvelles sur lesquelles le savant entend appeler l'attention du philosophe et dont on a pu dire qu'elles constituaient le plus grand changement qui se soit produit dans notre représentation de la matière depuis l'époque de Démocrite ? Car c'est sans doute Démocrite le premier qui a proposé à l'esprit humain cette image de l'univers qui exprime encore fidèlement l'aspect général de notre physique : une infinité de corpuscules disséminés dans un vide sans bornes et animés d'un mouvement éternel. Tous les physiciens qui liront la traduction de Démocrite publiée par M. Solovine seront frappés sans doute aussi vivement que l'a été M. Urbain de l'accent moderne de son œuvre : les résultats ont péri, la méthode est restée la même. Démocrite considère les qualités sensibles comme subjectives et relatives. Il cherche à les expliquer par des éléments invisibles susceptibles, en se combinant, de former un monde satisfaisant pour la raison. Ainsi, ils seront absolument durs, afin de fournir aux opérations de la pensée un premier terme invulnérable. Cette condition plus logique encore que physique est la seule qui soit essentielle : par ailleurs, Démocrite laisse leur nature indéterminée. L'atome est un « quelque chose » qui doit permettre à la pensée de s'exercer. Il appartiendra à la pensée de se représenter la place des atomes, leur mouvement, les lois de leurs chocs et de leur assemblage.

La conception de Démocrite trouva des défenseurs d'un bout à l'autre de l'histoire parmi les matérialistes. Ce sont eux qui ont gardé le dépôt de la méthode scientifique. Pourtant, l'hypothèse des atomes devait rester jusqu'aux temps modernes une simple vue de l'esprit : car les Anciens ne pratiquaient pas l'expérimentation. Or, notre science repose tout entière sur elle : celle-ci ne nous permet pas d'isoler ni de percevoir les corpuscules, mais elle nous oblige d'établir entre eux certains rapports pour que les faits observables puissent recevoir une interprétation. Par là, la vieille doctrine qui était restée à peu près stérile jusqu'à aujourd'hui a reçu un renouvellement merveilleux : elle a permis de se représenter par des images suffisamment distinctes comment les choses doivent se passer pour que l'on puisse vérifier en chimie la loi des proportions multiples, en physique la théorie cinétique des gaz ; elle n'a connu que des succès dans l'explication des phénomènes électriques. Ainsi, le corpuscule a fait place aux notions plus précises de molécule, d'atome chimique, et enfin d'électron. La matière est un tourbillon d'électrons : mais ces électrons sont eux-mêmes des individus distincts occupant un lieu, parcourant une trajectoire et soumis, comme les éléments de Démocrite, aux lois d'un déterminisme rigoureux. Selon une comparaison déjà célèbre, la table sur laquelle j'écris ne doit pas être considérée comme une réalité massive, mais plutôt comme un essaim de petites mouches vibrantes qui supportent mon papier par les chocs de bas en haut qu'elles ne cessent de lui imprimer.

Cependant, cette physique traditionnelle se heurtait à une seconde conception toute différente. Au lieu de concentrer la réalité en des éléments séparés animés de certaines vitesses à l'intérieur d'un espace chargé seulement de leur livrer passage, la physique ondulatoire rend compte des phénomènes par des oscillations qui se propagent dans l'épaisseur même de l'espace à la manière des vagues. Cette seconde représentation a été suggérée par l'étude des phénomènes lumineux. Elle remonte à Huyghens. Alors que la théorie newtonienne de l'émission demeurait fidèle aux images corpusculaires, Fresnel réussit à faire entrer dans la science la théorie ondulatoire en expliquant, grâce à elle, certains phénomènes contestés comme celui des interférences. Depuis lors, elle a connu presque autant de succès que sa rivale. En particulier, elle règne dans le monde infiniment vaste des radiations. Tous les esprits sont devenus familiers avec les idées de fréquence et de longueur d'onde par lesquelles les différentes radiations se distinguent les unes des autres et se soumettent à la mesure. Le point important, c'est que dans la théorie ondulatoire il n'y a plus de corps distincts ou individuels dont on étudie les rapports réciproques comme dans la théorie corpusculaire. La réalité devient une nappe de plis continus. Si l'on voulait chercher un symbole de ces deux tendances opposées de notre pensée qui regarde les choses tantôt sous l'angle du discontinu et de l'individuel, tantôt sous l'angle du continu et de l'inséparable, on pourrait envisager l'histoire de l'humanité elle-même : car nous considérons celle-ci tantôt comme un assemblage d'êtres indépendants occupant une place précise dans l'espace et dans le temps et soutenant entre eux des rapports déterminés, tantôt comme un flux de générations se propageant d'une manière ininterrompue et dans lequel les individus semblent entraînés et jusqu'à un certain point s'abolissent. L'originalité de M. Louis de Broglie, c'est précisément d'avoir réussi à concilier ces deux représentations en apparence contraires.

La théorie des ondes et celle des corpuscules devaient nécessairement arriver à se confronter, puisque le rayonnement peut être émis par la matière ou absorbé par elle. Au cours de cette confrontation, la représentation discontinue du monde physique remporta de nouvelles victoires. Pour expliquer l'équilibre thermique entre la matière et le rayonnement, Planck, en effet, fut amené à soutenir que chaque source émet sa radiation par « grains » successifs qu'il appela des « quanta » d'énergie. Et peut-être conviendrait-il mieux de les appeler des « jets » que des « grains », pour montrer qu'ils n'ont pas dans l'espace la même cohérence que les corpuscules. Que l'on retienne seulement cette formule simple qui est la clef de tous les développements ultérieurs de la théorie : c'est que l'énergie de chacun de ces jets est proportionnelle à la fréquence de la radiation. La lumière elle-même révéla alors une structure granulaire : car on ne croyait pas pouvoir expliquer autrement comment un faisceau lumineux qui rencontre un fragment de matière en détache des électrons dont l'énergie croît avec sa fréquence et est indépendante de son intensité. Mais cet extraordinaire succès de l'hypothèse de la discontinuité trouva sa forme la plus saisissante dans la représentation aujourd'hui célèbre que le physicien danois Bohr donna de l'atome en 1922 : non seulement celui-ci est comparable à un système astronomique formé par un soleil central, le proton, autour duquel les électrons tourneraient comme des planètes, mais encore ces électrons ne peuvent avoir que certains mouvements privilégiés qui correspondent à certaines valeurs de leur énergie. Quand ils possèdent une de ces valeurs, ils sont dans un état stable. Ils passent toujours de l'une à l'autre par des transitions brusques.

Il était impossible pourtant d'abandonner la théorie ondulatoire, qui seule paraissait capable d'expliquer les phénomènes d'interférence et de diffraction. M. Louis de Broglie a réussi à montrer que la nouvelle physique des corpuscules, au lieu d'exclure la physique des ondes, ne peut pas se passer d'elle. La remarque fondamentale d'où dérive sa découverte porte, semble-t-il, sur l'impossibilité de définir le corpuscule de lumière en dehors de sa relation avec une fréquence. Or, l'idée d'une fréquence ou d'une périodicité n'a pas de sens dans une théorie purement corpusculaire et nous fait nécessairement retourner à la théorie des ondes. De même, si, à l'intérieur de l'atome, les électrons ont des mouvements stables et discontinus, la notion de l'électron paraît inséparable, elle-aussi, d'une périodicité. Dès lors, on devait être conduit à considérer tout corpuscule comme accompagné d'une onde qui guide son mouvement, ou encore comme flottant à la surface d'une onde à la manière d'un bouchon. Ainsi, se constituait une mécanique nouvelle, *la mécanique ondulatoire*, qui permettait de considérer les lois de l'ancienne mécanique comme des approximations. Elle expliquait les phénomènes d'interférence et de diffraction par une densité du nuage corpusculaire proportionnelle en chaque point à l'intensité de l'onde. Elle montrait comment ces mêmes phénomènes ou des phénomènes analogues pouvaient être obtenus avec d'autres particules que les particules de lumière, par exemple avec des électrons. Elle interprétait les mouvements discontinus de l'électron à l'intérieur de l'atome en associant à l'électron des ondes stationnaires ayant des fréquences distinctes et pouvant être comparées aux vibrations d'un tuyau sonore captées entre les parois et qui donnent le son fondamental ou un de ses harmoniques.

Jusqu'ici, le philosophe se trouve encore à l'aise à l'intérieur de la nouvelle mécanique. Il éprouve même une satisfaction à voir réalisée une sorte de synthèse du continu et du discontinu, à pouvoir encore fixer le regard sur des individus physiques qui, au lieu de demeurer isolés et comme perdus dans un milieu indéterminé, participent à un phénomène périodique inséparable du milieu lui-même : en un sens ils deviennent comparables aux êtres humains portés par les générations successives. On a donc pu croire un moment qu'il serait possible de définir les éléments comme des points singuliers à l'intérieur d'une onde de propagation. Mais il a fallu renoncer à cette espérance. Heisenberg a montré que l'on ne pouvait mesurer à la fois avec précision la position et la vitesse de l'élément. « Plus la mesure de la position est précise, moins exacte est la détermination du mouvement, et inversement. » Puisque, pour observer un corpuscule, il faut l'éclairer, l'énergie propre du grain de lumière introduit dans le phénomène une perturbation analogue à celle que produit l'introspection dans l'examen des phénomènes de conscience. Dès lors, l'idée de l'onde va recevoir une signification nouvelle : elle devient un être idéal plutôt qu'un être réel. Après chaque observation nous pouvons construire une onde dont les caractères figurent l'incertitude de nos connaissances sur le lieu et le mouvement du corpuscule. Elle exprime la probabilité avec laquelle nous pouvons assigner au corpuscule tel lieu et tel mouvement particuliers. Chaque fois qu'il manifeste à nouveau sa présence, nous acquérons sur lui de nouveaux renseignements qui nous permettent de construire une nouvelle onde, et ainsi de suite indéfiniment. Il semble chaque fois choisir entre plusieurs possibilités : mais ce choix restreint et permet de déterminer intégralement les possibilités futures. Il faut renoncer à l'idée de ces plissements de l'espace par lesquels on avait essayé de représenter les ondes : on ne peut plus parler que d'une « propagation ondulatoire de la probabilité ». Les lois de causalité deviennent elles-mêmes des lois de probabilité. L'individu physique cesse d'occuper dans l'espace une place déterminée. Il a, selon M. Louis de Broglie, des contours un peu flous, et, bien que la nécessité se retrouve à l'échelle habituelle de nos grandeurs parce que la contingence s'y trouve masquée par l'imprécision de nos mesures, il y aurait à l'échelle microscopique une sorte de « libre arbitre de la nature ».

Voilà le mot le plus grave enfin prononcé. Ce n'est pas la première fois que la physique corpusculaire propose d'installer l'idée d'une certaine indétermination au cœur même de la réalité. Epicure, déjà, admettait que les atomes avaient une aptitude à s'écarter spontanément, mais infiniment peu, de leur mouvement naturel. Il voulait par là à la fois expliquer leur rencontre initiale, dont les lois échappaient à l'observation, et sauvegarder la possibilité de la liberté humaine. Quel que puisse être le progrès de nos expériences, l'esprit humain, à toutes les époques de son histoire, s'engage toujours dans les mêmes chemins.

Que l'on n'espère pas pourtant pouvoir imaginer une action infinitésimale de la volonté libre qui profiterait de la contingence des mouvements de l'électron à l'échelle microscopique pour vérifier ensuite les lois de la nécessité physique à l'échelle usuelle. Car l'opération d'un esprit sans loi sur un électron sans boussole est un monstre incapable de prendre vie. Que l'on n'espère pas non plus pouvoir attribuer à l'électron dans un système matériel une indépendance comparable à celle de l'individu dans le groupe social, en se fiant ensuite à des lois statistiques pour rétablir la nécessité à l'intérieur du système ou du groupe : car l'indépendance n'appartient pas à l'individu, mais à la conscience de l'individu, et nul ne parle d'attribuer la conscience à l'électron.

On ne franchira pas le fossé qui sépare le monde matériel du monde moral en confondant la liberté du savant, qui peut choisir entre plusieurs hypothèses, avec la liberté de l'élément, qui pourrait choisir entre plusieurs trajectoires. La science elle-même se présente comme une phénoménologie. Or, la liberté ne peut pas exister dans le phénomène, mais seulement dans la conscience qui le pense et qui l'utilise. Le déterminisme est le sillage de la science acquise : il n'y a de rigoureusement déterminé que le passé ; c'est pour cela que la science est description et non pas prévision.

Les lois de probabilité marquent l'originalité irréductible du futur par rapport au passé et le degré d'indépendance de l'esprit à l'égard de la matière. A la limite, nous avons la probabilité parfaite ou la nécessité : elle ne vaut que pour la matière qui est l'être réalisé. Par contre, le maximum d'improbabilité sera exprimé par l'idée de la création *ex nihilo* qui est l'antipode de la connaissance du monde créé. Entre ces deux extrêmes, on peut ranger toutes les créations originales de la conscience, telles que la prévision du futur et l'exercice de la liberté. Le futur dépend de certaines conditions que nous ne pouvons pas connaître toutes, mais qui nous permettent du moins d'introduire l'idée de certaines habitudes de la nature auxquelles s'adaptent les formules normales de la probabilité. Quant à la liberté, elle repousse toute analogie avec une contingence qui serait dans les choses elles-mêmes. Elle en est plutôt le contraire. Cette contingence la priverait de sa force et de ses moyens : elle la rendrait impuissante. La liberté est la marque d'un esprit qui dilate indéfiniment sa sphère d'influence sur le réel et rassemble sans cesse en un même point de nouveaux facteurs de détermination. À cette condition seulement, elle peut renoncer à l'habitude pour se livrer à l'invention, intérioriser toutes ses raisons d'agir et motiver toutes ses démarches dans le moment même où elle semble les rendre le plus imprévisibles.

16 février 1930.

IV. LA REPRÉSENTATION DE L'ESPACE

L'espace est de toutes nos représentations la plus familière et la plus mystérieuse. C'est dans l'espace qu'est situé notre corps avec tous les corps qui l'environnent. C'est dans l'espace que les choses prennent pour nous une figure et que nous parvenons à en dessiner le contour, c'est-à-dire à les connaître. L'espace crée l'indépendance mutuelle de tous les êtres en les séparant par un intervalle ; mais, en leur permettant de modifier leur proximité ou leur éloignement, il leur permet aussi d'agir les uns sur les autres et de transformer à chaque instant l'aspect de l'univers. Et pourtant l'espace est la plus mystérieuse des choses ; il ressemble, dit-on parfois, à un vase infini dans lequel tout ce qui est serait contenu, mais qui lui-même ne serait rien. C'est qu'il n'est pas possible de le définir en dehors des objets mêmes qui le remplissent : il faut donc qu'il soit en quelque sorte une propriété qui leur est commune. Mais quelle est cette propriété ? Faut-il dire, comme Descartes, qu'il est leur substance même, l'étoffe dans laquelle ils sont taillés et à laquelle le mouvement ne cesse de donner une configuration nouvelle ? Ou bien n'exprime-t-il rien de plus qu'une loi purement intellectuelle par laquelle nous nous représentons les relations de ces objets entre eux ? Est-il seulement la condition idéale et, pour ainsi dire, le schéma de toutes leurs relations possibles ?

Il y a une expérience de l'espace : et nous ne l'acquérons que peu à peu, grâce à un système de correspondances entre les sensations visuelles, les sensations tactiles et les sensations musculaires. L'espace est d'abord pour nous un globe de lumière limité par l'horil'esprit humain, à toutes les époques de son histoire, s'engage toujours dans les mêmes chemins.

Que l'on n'espère pas pourtant pouvoir imaginer une action infinitésimale de la volonté libre qui profiterait de la contingence des mouvements de l'électron à l'échelle microscopique pour vérifier ensuite les lois de la nécessité physique à l'échelle usuelle. Car l'opération d'un esprit sans loi sur un électron sans boussole est un monstre incapable de prendre vie. Que l'on n'espère pas non plus pouvoir attribuer à l'électron dans un système matériel une indépendance comparable à celle de l'individu dans le groupe social, en se fiant ensuite à des lois statistiques pour rétablir la nécessité à l'intérieur du système ou du groupe : car l'indépendance n'appartient pas à l'individu, mais à la conscience de l'individu, et nul ne parle d'attribuer la conscience à l'électron.

On ne franchira pas le fossé qui sépare le monde matériel du monde moral en confondant la liberté du savant, qui peut choisir entre plusieurs hypothèses, avec la liberté de l'élément, qui pourrait choisir entre plusieurs trajectoires. La science elle-même se présente comme une phénoménologie. Or, la liberté ne peut pas exister dans le phénomène, mais seulement dans la conscience qui le pense et qui l'utilise. Le déterminisme est le sillage de la science acquise : il n'y a de rigoureusement déterminé que le passé ; c'est pour cela que la science est description et non pas prévision.

Les lois de probabilité marquent l'originalité irréductible du futur par rapport au passé et le degré d'indépendance de l'esprit à l'égard de la matière. A la limite, nous avons la probabilité parfaite ou la nécessité : elle ne vaut que pour la matière qui est l'être réalisé. Par contre, le maximum d'improbabilité sera exprimé par l'idée de la création *ex nihilo* qui est l'antipode de la connaissance du monde créé. Entre ces deux extrêmes, on peut ranger toutes les créations originales de la conscience, telles que la prévision du futur et l'exercice de la liberté. Le futur dépend de certaines conditions que nous ne pouvons pas connaître toutes, mais qui nous permettent du moins d'introduire l'idée de certaines habitudes de la nature auxquelles s'adaptent les formules normales de la probabilité. Quant à la liberté, elle repousse toute analogie avec une contingence qui serait dans les choses elles-mêmes. Elle en est plutôt le contraire. Cette contingence la priverait de sa force et de ses moyens : elle la rendrait impuissante. La liberté est la marque d'un esprit qui dilate indéfiniment sa sphère d'influence sur le réel et rassemble sans cesse en un même point de nouveaux facteurs de détermination. À cette condition seulement, elle peut renoncer à l'habitude pour se livrer à l'invention, intérioriser toutes ses raisons d'agir et motiver toutes ses démarches dans le moment même où elle semble les rendre le plus imprévisibles.

16 février 1930.

IV. LA REPRÉSENTATION DE L'ESPACE

L'espace est de toutes nos représentations la plus familière et la plus mystérieuse. C'est dans l'espace qu'est situé notre corps avec tous les corps qui l'environnent. C'est dans l'espace que les choses prennent pour nous une figure et que nous parvenons à en dessiner le contour, c'est-à-dire à les connaître. L'espace crée l'indépendance mutuelle de tous les êtres en les séparant par un intervalle ; mais, en leur permettant de modifier leur proximité ou leur éloignement, il leur permet aussi d'agir les uns sur les autres et de transformer à chaque instant l'aspect de l'univers. Et pourtant l'espace est la plus mystérieuse des choses ; il ressemble, dit-on parfois, à un vase infini dans lequel tout ce qui est serait contenu, mais qui lui-même ne serait rien. C'est qu'il n'est pas possible de le définir en dehors des objets mêmes qui le remplissent : il faut donc qu'il soit en quelque sorte une propriété qui leur est commune. Mais quelle est cette propriété ? Faut-il dire, comme Descartes, qu'il est leur substance même, l'étoffe dans laquelle ils sont taillés et à laquelle le mouvement ne cesse de donner une configuration nouvelle ? Ou bien n'exprime-t-il rien de plus qu'une loi purement intellectuelle par laquelle nous nous représentons les relations de ces objets entre eux ? Est-il seulement la condition idéale et, pour ainsi dire, le schéma de toutes leurs relations possibles ?

Il y a une expérience de l'espace : et nous ne l'acquérons que peu à peu, grâce à un système de correspondances entre les sensations visuelles, les sensations tactiles et les sensations musculaires. L'espace est d'abord pour nous un globe de lumière limité par l'horizon : nous en occupons nous-même le centre. Les objets opaques en rompent la continuité comme des îles dans un océan. Seulement les objets de la vue croissent, décroissent ou se déforment selon la position que nous occupons à leur égard. Au contraire, dès que nous parvenons à entrer directement en contact avec eux, le toucher semble nous révéler la constance de leur grandeur et de leur forme. Et le propre du mouvement, c'est, en nous permettant de franchir l'intervalle qui nous sépare d'eux, de les amener à la surface de notre corps et, par conséquent, de faire coïncider ces images visuelles toujours différentes avec les objets résistants et invariables que le toucher nous permet de saisir. Ainsi l'expérience musculaire compose l'espace de la vue et l'espace du toucher dans un espace unique.

De telles correspondances nous semblent si bien établies que nous oublions bientôt leur origine sensible : alors l'espace devient pour nous un pur objet de pensée, un milieu parfaitement indifférent qui se prête à toutes les constructions de l'imagination, mais dans lequel l'esprit cherche d'abord à édifier une architecture figurée, qui donne satisfaction aux besoins d'unité, de simplicité, de stabilité inséparables de son exercice le plus spontané. Ainsi se constitue la géométrie euclidienne, qui, née d'une sorte d'interprétation et d'épuration du monde sensible, en devient pour nous la règle et le modèle. Elle nous a permis d'obtenir un monde d'objets parfaits semblables à de beaux cristaux transparents qui peuvent occuper tous les lieux de l'espace infini et glisser à volonté dans cet abîme sans propriétés qui ne leur impose jamais la moindre altération.

Seulement l'esprit se prend à son propre jeu. En vidant l'espace de toute réalité concrète, en le transformant en un milieu immatériel et diaphane chargé seulement d'accueillir toutes les combinaisons qu'il sera lui-même capable d'inventer, l'esprit s'éloigne peu à peu de l'expérience : la géométrie devient pour lui une sorte d'exercice pur ; il s'astreint d'abord à ne définir que des figures qu'il réussit à construire par une opération idéale, à se représenter par une imagination sensible de plus en plus fine. Mais bientôt il repousse ces lisières : il ne retient plus de l'espace qu'une multiplicité infinie d'éléments qui doit se prêter à tous les assemblages. Et ces assemblages forment des systèmes qui se distinguent par les règles auxquelles la pensée se soumet pour les produire, comme on le voit dans tous les jeux où s'exerce notre activité libre. Nous avons l'impression alors d'avoir créé, par nos définitions et par nos calculs, une pluralité d'espaces où plutôt de mondes abstraits composés de signes et de symboles, tous singulièrement éloignés de l'espace sensible, mais qui sont tels cependant qu'ils vont nous permettre maintenant de revenir vers cette expérience même que nous avions quittée. Car chacun d'eux exprime un ensemble de combinaisons possibles entre lesquelles nous pourrons choisir celles qui s'adapteront le plus commodément à la représentation de plus en plus complexe que nous nous faisons de la réalité.

L'évolution de la géométrie réalise donc un circuit paradoxal. Car cette science a été d'abord purement empirique, la simple mesure de la terre ; mais elle a isolé bientôt toutes les opérations qu'elle nous avait appris à faire sur des corps réels, pour les considérer en elles-mêmes dans leur puissance constructive ; elle a engendré ainsi les solides parfaits d'Euclide qui étaient encore pour elle des objets d'intuition. Puis elle a abandonné l'intuition comme elle avait abandonné l'expérience pour y substituer des méthodes de calcul ; et au moment où elle paraît avoir atteint le sommet de l'abstraction, elle se retourne vers cette réalité infiniment subtile que nous font connaître les instruments, comme pour demander à être jugée par elle : elle cherche à établir une correspondance rigoureuse entre ses inventions en apparence les plus arbitraires et les caractères mêmes de l'espace réel, qu'elle considère maintenant comme solidaire de son contenu et qu'elle refuse de dépeupler pour le mieux connaître. Ainsi s'explique cette double surprise éprouvée par le public cultivé, mais peu familier avec les travaux des savants, lorsqu'il a vu d'abord se constituer des géométries non euclidiennes qui déroutaient tous les efforts de son imagination pour se représenter dans ce nouveau langage les figures les plus familières, et lorsqu'il a vu ensuite la théorie de la relativité se réclamer de ces mêmes géométries pour nous donner de l'univers physique une traduction plus exacte et plus fidèle que celle à laquelle la mécanique classique nous avait accoutumés. Mais cette rencontre ne pouvait être fortuite, et on voudrait essayer de la faire comprendre par quelques remarques élémentaires.

Il est difficile de faire un choix parmi les livres innombrables qui pourraient aider le lecteur à pénétrer le sens des nouvelles conceptions de l'espace. On peut citer à titre d'indication, parmi les plus accessibles, outre les ouvrages classiques de Poincaré, le livre déjà ancien de M. Emile Borel sur *l'Espace et le Temps* (Alcan), qui s'attache surtout à décrire les procédés de mesure de l'espace physique ; le livre très remarquable de M. Schlick (Gauthier-Villars) intitulé *Espace et Temps dans la physique contemporaine*, qui se présente comme une introduction à la théorie de la relativité et de la gravitation ; *l'Essai sur quelques caractères des notions d'Espace et de Temps*, de M. René Poirier (Vrin), dont la portée est plus proprement philosophique, qui est plein d'analyses subtiles, mais dont les conclusions sont surtout négatives ; enfin, *le Nouvel esprit scientifique*, de M. Gaston Bachelard (Alcan), où l'on trouve une vue d'ensemble sur les principales directions de la mécanique et de la physique contemporaines.

Il faut remonter à Descartes pour comprendre comment l'esprit est passé graduellement de l'espace intuitif à l'espace abstrait. C'est lui qui a réalisé la fusion de l'algèbre et de la géométrie. C'est grâce à lui que l'espace a pu être réduit à un ensemble de nombres de différentes espèces sur lesquels on accomplit différentes opérations. Les propriétés de l'espace ne sont rien de plus aujourd'hui que celles de ces nombres et de ces opérations. Il y aura donc autant de géométries que l'on voudra : et il n'y a plus lieu de se demander si une géométrie est plus vraie qu'une autre ou plus rationnelle : cette question n'a pas plus de sens que si on voulait la poser à propos du jeu d'échecs et du jeu de dames.

Par contre, ces différentes géométries peuvent être de valeur très inégale en ce qui concerne soit leur degré de simplicité, et par conséquent leur caractère esthétique, soit leur utilité dans l'interprétation des phénomènes physiques. Et s'il est possible de rapprocher l'activité du savant de celle de l'artiste, on comprend que M. Poirier puisse comparer l'espace à « l'œuvre du peintre dont les yeux vont parfois du modèle à la toile, mais qui le plus souvent construit d'imagination ses figures, dont il retrouve ensuite les traits dans les corps réels. Car les œuvres abstraites symbolisent avec la nature, mais ne la copient pas. »

Comment dès lors peut se produire la rencontre entre l'espace abstrait et l'expérience ? Parmi les différentes formes de multiplicité que la géométrie considère, pourquoi la multiplicité à quatre dimensions jouit-elle d'une sorte de privilège ? Pourquoi parle-t-on d'un espace à courbure, alors qu'autrefois la courbure était toujours la propriété d'une figure particulière dans un espace plan ?

L'introduction d'une quatrième dimension n'avait rien pourtant qui pût nous surprendre. Car, « dès que la géométrie commence à se développer d'une manière purement analytique, l'espace et le temps y jouent le rôle de paramètres qui diffèrent seulement par le nom. Selon Lagrange, la mécanique ne met en jeu que des grandeurs géométriques et n'est qu'une géométrie à quatre dimensions. » N'oublions pas que M. Bergson nous a préparés en quelque sorte à regarder le temps physique comme intégré dans l'espace par lequel on le mesure, et que la vitesse de la lumière est peut-être la véritable définition du temps. En réalité le temps est une variable que l'on ne pourrait négliger, dans la représentation des objets qui remplissent l'espace, que si on les pétrifiait tout à coup : c'est une variable en fonction de laquelle toutes les autres demandent à être exprimées.

Cependant, si l'espace et le temps sont des nombres, la masse, le champ électrique, les propriétés physiques des corps, sont aussi des nombres. Et dès lors, si nous nous donnons autant de dimensions que nous pouvons distinguer, dans un domaine scientifique, de variables indépendantes, il n'y a point un seul aspect du savoir qui ne puisse être géométrisé. Les uns pourront penser qu'il y a là un simple artifice de langage qui nous oblige à dépasser infiniment le terrain de l'espace intuitif où nous percevons les figures. Mais les autres feront observer que si l'espace ne peut être séparé de ce qui le remplit, et si nous ne connaissons rien de plus que les positions relatives occupées par les corps réels, c'est en effet le rôle exclusif et privilégié de la géométrie de se donner toutes les variables qui doivent nous permettre de les déterminer.

Cependant si nous acceptons volontiers de ne point chercher une représentation intuitive de toutes les dimensions nouvelles que la géométrie analytique est capable d'introduire dans ses calculs, il n'en est pas de même de la courbure de l'espace. Car le mot courbure évoque pour nous une image. On a beau nous dire qu'il ne s'agit ici que d'un repérage de grandeurs, que d'un choix que nous faisons entre plusieurs systèmes de coordonnées, et qu'il est absurde de demander si les coordonnées polaires sont plus vraies que les coordonnées cartésiennes, il nous semble que la courbure de l'espace devrait nous devenir sensible, soit qu'effectuant, comme l'avait fait Gauss, la mesure de triangles à grandes dimensions, on réussisse un jour à montrer que la somme de leurs angles est plus grande que deux droits, soit que nous puissions prouver que l'espace dans lequel nous vivons possède en quelque sorte un indice de réfraction ou qu'il ressemble à cet espace apparent dont parle Helmholtz, qui, « situé derrière un miroir convexe à fond raccourci contracté, nous obligerait à attribuer aux corps qui nous paraissent rigides les dilatations et les contractions correspondantes, à renoncer par exemple à ce principe que tout point en mouvement soustrait à l'action d'une force se meut nécessairement en ligne droite ».

Seulement nous oublions toujours que « si tous les objets s'allongeaient ou se raccourcissaient dans un sens unique, par exemple dans le sens de l'axe de la terre, les sphères devenant des ellipsoïdes de rotation et les cubes des parallélépipèdes, nous ne parviendrions pas à reconnaître cette déformation, puisque notre règle s'allongerait ou se raccourcirait dans la même proportion. Cette déformation ne serait sensible ni à la vue ni au toucher, parce que notre corps, notre globe oculaire, les surfaces des ondes lumineuses la subiraient en même temps. »

Dès lors, si les propriétés essentielles des figures géométriques doivent pouvoir s'exprimer dans tous les systèmes possibles de coordonnées, on peut se demander quel intérêt il y a pour nous à attribuer à l'espace une courbure. En réalité, la physique classique admet que tout point se meut en ligne droite s'il est libre, mais parcourt une trajectoire incurvée s'il est soumis à l'action d'une force. Or précisément l'espace géométrique ne peut pas être considéré indépendamment des mouvements qui s'y déroulent ; et par suite, on peut chercher si, en attribuant une incurvation à l'espace lui-même, on ne réussirait pas à expliquer l'accélération d'un corps par des propriétés purement géométriques sans avoir besoin de faire intervenir une force qui la produit.

Faut-il demander maintenant s'il est vrai que l'espace a une courbure réelle et s'étonner qu'il puisse avoir telle courbure plutôt qu'une autre ? Alors on s'étonnerait aussi justement qu'il ait trois dimensions. Mais de même que l'espace à trois dimensions correspond à une perspective que nous avons adoptée sur le monde et trahit sans doute l'intérêt privilégié que possède pour nous la considération des volumes immobiles, l'espace à courbure lui aussi exprime une autre perspective particulière sur ce monde, et qui naît dès que nous fixons l'attention sur certains mouvements et sur les forces dont ils paraissent dépendre. Car si nous voulons rendre l'espace solidaire non seulement des figures qui l'habitent, mais encore des forces qui s'y jouent, alors il faudra exprimer en langage géométrique l'action même de ces forces. L'espace cessera aussitôt d'être considéré comme formé de points dont les relations seraient indépendantes des corps qui le traversent ou qui l'explorent. Il faudra imaginer au contraire que le corps en mouvement crée l'espace même où il se meut, en fonction des circonstances qu'il rencontre sur son chemin. Ainsi l'escargot construit lui-même sa coquille. Et la courbure de l'espace, comme un tracé de forces, variera selon les différents lieux.

Cependant, de même que la jonction de l'espace et du temps dans un continu à quatre dimensions échappe à toute représentation sensible, nous ne parvenons à saisir que la surface courbe de l'espace euclidien : et la courbure de l'espace tout entier n'aurait pour nous de sens intuitif que dans un espace d'ordre supérieur. Aussi parle-t-on parfois d'un hyperespace qui contiendrait notre espace euclidien comme celui-ci contient le plan, ce qui nous permettrait de comparer une figure à trois dimensions à ces projections auxquelles se réduirait pour un être parfaitement plat la connaissance d'un mouvement qui se produirait dans la troisième dimension qu'il ignore.

On comprend maintenant que si l'espace traditionnel est relatif à la forme de nos images sensibles, l'espace de la science est relatif à la forme de nos mesures et de nos lois. La géométrie n'impose pas ses lois à l'expérience mais lui propose des expressions symboliques. Par là l'espace s'affranchit peu à peu de toute forme intuitive pour devenir un instrument de figuration algébrique. Newton croyait que l'espace est absolu et demeure toujours le même en vertu de sa nature propre et sans relation à un objet extérieur quelconque. Nous pensons au contraire que l'espace est une réalité amorphe, que seuls les corps qui y sont contenus lui donnent une forme. Aussi disons-nous qu'il n'a pas de structure ; ni la constitution euclidienne ni la constitution non euclidienne ne lui sont inhérentes,

« pas plus que la droite ne possède par elle-même la propriété d'être mesurable par kilomètres ou par lieues ».

Pourtant si l'espace est le lieu des corps, il est aussi celui de la pensée, selon Malebranche. Et Platon disait que Dieu géométrise éternellement. Faut-il dire alors, en parodiant la formule célèbre : « Dieu a créé le nombre entier et le mathématicien tous les autres », que l'espace divin est celui d'Euclide et que les espaces non euclidiens sont des espaces purement humains ? Tel est sans doute le sens de ce propos sceptique de M. Poirier : « Il est possible que Dieu voie clairement la parenté de l'espace et du temps et leur courbure ; mais pour nous, rivés avec toute notre raison à notre nature d'hommes, si nous voulons penser autre chose que des nombres sous les noms d'espace et de temps nous devons renoncer à leur trouver une essence commune, et nous ne pouvons leur attribuer une structure non euclidienne que sous la forme d'une altération des repères que nous avons choisis. » Faut-il ajouter que l'art est toujours là, qui nous oblige « à ne pas laisser échapper la légende sensible de nos yeux pour la légende abstraite de notre science » ?

8 juin 1935.

V. CRÉATION ET ÉVOLUTION DES ÊTRES VIVANTS

Il ne peut pas y avoir d'autre problème pour l'homme que l'homme lui-même. C'est que nous ne saisissons point immédiatement d'autre existence que la nôtre. Tous les êtres qui nous entourent sont des images qui nous sont offertes : nous ne pouvons les animer que si nous leur attribuons la même vie dont nous éprouvons en nous la présence. Mais nous nous éprouvons en nous la présence. Mais nous découvrons alors une parenté entre tout l'univers et nous : car toutes les formes de l'être ont quelque ressemblance ou quelque affinité avec notre être propre. Elles réalisent tantôt l'ébauche et tantôt l'achèvement de certains traits dont nous trouvons en nous le dessin. Si l'œuvre tout entière de la création se trouvait déployée devant nous, nous ne pourrions assigner notre place qu'en reconnaissant autour de nous les étapes idéales de notre propre développement ou les lignes divergentes qu'il aurait pu suivre.

Telle est, en effet, l'entreprise à laquelle se consacrent les naturalistes. Ils comparent entre elles toutes les formes de la vie et l'homme n'est que l'une d'elles ; quelques-uns même se défendent de lui accorder un intérêt privilégié. Mais tous ne sont préoccupés que de lui, aussi bien ceux qui le font émerger de quelque type d'existence inférieur que ceux qui, pour relever sa dignité, veulent qu'il ait été l'objet d'une création particulière. Tous le mettent au sommet de l'animalité, soit pour montrer qu'il la résume, soit pour montrer qu'il la surpasse. Quant au grand public, les querelles que provoquent le darwinisme dans certaines Eglises américaines montrent assez clairement qu'il ne s'intéresse aux théories de l'évolution que par les solutions qu'elles apportent sur la place de l'homme dans la nature, sur son origine et sur sa destinée.

Le XIXe siècle a été le siècle du transformisme : il a accrédité cette idée, qui paraissait confirmée à la fois par la paléontologie et par l'embryologie, que la vie produit d'abord des formes simples qui se compliquent progressivement, et dont le jeu des facteurs naturels suffit à expliquer à la fois le mode de variation et l'ordre de succession. Cette formule donnait à l'esprit une grande satisfaction, parce qu'elle semblait identifier la parenté historique des êtres avec leur parenté logique.

Elle paraît aujourd'hui schématique et incapable de rendre compte de tous les faits. Il arrive même que l'on mette en question certains principes qu'elle suppose et dont la discussion intéresse la métaphysique aussi bien que la science. Elle a été l'objet de certaines critiques très vives dont on trouvera l'expression dans deux ouvrages récents. L'un, dont le titre est *le Transformisme* (Vrin), est dû à la collaboration de plusieurs naturalistes : MM. Cuénot, Gagnebin, Thomson et Vialleton, et d'un philosophe, M. Dalbiez ; ces cinq auteurs, bien qu'en désaccord sur plus d'un point, acceptent l'idée de descendance, mais ne pensent pas que « l'évolution résulte exclusivement de forces mécaniques non dirigées ». Le second ouvrage, dû à M. Vialleton, est intitulé *l'Origine des êtres vivants*, pour rappeler le livre célèbre de Darwin, *l'Origine des espèces*, paru soixante-dix ans plus tôt ; il porte comme sous-titre *l'illusion transformiste*, pour montrer l'impuissance où on est d'expliquer « par les seules forces naturelles la formation du monde vivant ».

*

On opposait radicalement autrefois l'évolution à la création : la création était l'appel à l'existence par une puissance surnaturelle d'un monde qui était son ouvrage ; l'évolution était le développement graduel, selon un principe intérieur, d'un monde qui était une éclosion. Mais déjà ces deux conceptions n'étaient pas sans rapports, car la création devait faire à l'évolution une place afin de permettre à chaque être vivant, entre la naissance et la mort, de former sa propre nature ; l'évolution à son tour, dans la mesure où chaque forme d'existence ajoutait quelque chose à celle qui la précédait, ressemblait à une succession de créations partielles. Bien plus, l'écart entre les deux conceptions devait s'atténuer et même disparaître si, au lieu de concevoir la création d'un monde comme la réalisation par Dieu d'une chose, ce qui pouvait paraître indigne de sa perfection, on consentait à se la représenter comme une participation de sa puissance, comme une sorte de don de lui-même par lequel, au lieu de rien créer, il ne cesse de donner à tout ce qui est la force même de se créer. Le mot d'évolution suffit à exprimer l'idée d'une nature qui est à la fois créée et créatrice. Et si la création est partout, il est inutile de l'invoquer pour expliquer dans le monde aucun effet particulier. C'est dire que la théorie de la création donne au problème de l'origine de la vie une solution radicale, mais qui ne peut nous dispenser, si la création est ordonnée, de chercher une relation entre les différents êtres créés.

Par contre, la théorie de l'évolution devra renoncer à repousser indéfiniment sa propre solution vers un passé inaccessible, car tous les éléments du problème sont encore sous nos yeux. La matière et les différents degrés de la vie coexistent devant nous. Or, si l'on peut passer d'un terme au terme suivant par une complication progressive, on a beaucoup plus de chances de surprendre cette transition dans une expérience bien conduite que dans une hypothèse aventureuse sur l'histoire des premiers âges. On n'alléguera pas que les conditions du milieu ont pu être modifiées, qu'elles étaient sans doute autrefois tout à fait différentes des nôtres et beaucoup plus favorables que celles-ci à la genèse de formes d'existence nouvelles : c'est là une défaite qui peut séduire une imagination paresseuse, mais qu'une science armée des procédés rigoureux de la méthode expérimentale essaiera d'éviter. La caractéristique de l'époque moderne sera de transporter dans le présent le vieux problème des origines. La découverte de la relativité du temps pourra y contribuer. Peut-être même les anciennes explications du présent par le passé sont-elles vouées à connaître un certain discrédit. Déjà Descartes soutenait que l'acte par lequel Dieu conserve l'univers à chaque instant est le même que celui par lequel il l'a créé la première fois, ce qui ôte toute angoisse sur la première heure du monde et rend singulièrement émouvante l'heure même où nous vivons. C'est dans le même sens, remarquons-le, que certains biologistes contemporains, comme M. Rabaud, ne veulent avoir recours, pour expliquer les phénomènes de la vie, qu'à des « causes actuelles ». Nous ferions volontiers des réserves sur l'interprétation matérialiste qu'il en donne, mais si la tentative nous délivrait du goût des légendes cosmogoniques, nous ne pourrions que l'applaudir.

Cependant la doctrine de l'évolution se présente d'abord comme une histoire des êtres vivants. L'idée de cette histoire est empruntée à celle de notre propre développement individuel depuis le germe jusqu'à l'âge adulte. Bien que tout germe provienne d'un être vivant, on se flatte, en dérivant ainsi les formes les plus complexes de la vie de ses formes les plus simples, de diminuer par degrés l'intervalle qui sépare la vie elle-même de la matière inerte, et peut-être même l'être du néant. On évite de se prononcer sur le problème de savoir si, après avoir connu comme l'individu d'humbles commencements, elle ne doit pas, comme lui, connaître une période d'apogée, puis le déclin et la mort. L'histoire de la vie paraît si exactement calquée sur l'histoire particulière d'un vivant que l'on trouve tout naturel de les rapprocher l'une de l'autre jusqu'à les confondre. On sait, en effet, que sous sa forme la plus parfaite, la théorie de l'évolution a été conduite à considérer les formes successives de l'embryon comme reproduisant en raccourci les formes successives par lesquelles l'espèce est passée au cours de son développement ancestral. Malheureusement, comme le marque M. Vialleton avec beaucoup de force, cette loi a dû recevoir une autre interprétation : elle permet plutôt d'établir un rapprochement entre les embryons des différentes espèces qu'entre l'embryon appartenant à une espèce supérieure et l'adulte appartenant à des espèces inférieures.

La généalogie des espèces dans le temps ne doit pas surtout nous dissimuler que la diversité infinie des formes de la vie est aussi étalée dans l'espace. Quelques-unes ont traversé presque sans changement tout le cours des âges. Il semble aujourd'hui que tous ces rameaux, au lieu de s'être détachés tour à tour d'un même tronc, plongent également leurs racines dans le plus lointain passé. On ne veut plus que l'évolution soit « arborescente » ; on veut qu'elle soit « buissonnante ». Mais ce buisson n'est pas inextricable. La même sève circule dans toutes ses tiges ; chacune d'elles est nécessaire à toutes les autres, mais elle conserve à leur égard une certaine indépendance et possède une fonction qui lui est propre. Déjà il était intéressant de voir M. Vialleton, en s'appuyant sur un examen morphologique des différents êtres vivants, réintégrer l'idée de certains « types de constitution » dont on était porté à atténuer la valeur systématique depuis l'éclipse des idées de Cuvier. Chez M. Rabaud lui-même, où tout se ramène à un ensemble d'influences exercées sur l'organisme par le milieu, il faut qu'il y ait entre ces influences et cet organisme une certaine conformité qu'il appelle « la possibilité de vivre » : mot dangereux, dont on fera vite un usage purement logique, que l'auteur désavouera, pour montrer que cette possibilité entraîne une disposition systématique des parties par laquelle on retrouve des types de constitution. Cependant, l'originalité et la parenté des formes vivantes n'apparaissent avec leur sens véritable que si nous considérons la place de chacune d'elles dans le circuit éternel de la vie. Du protozoaire jusqu'à l'homme, tous les êtres vivants répandus à la surface de la terre, dans l'intérieur de l'air et des eaux, transforment sans cesse en matière organisée la matière inerte, où retourneront leurs cadavres, se distribuant la tâche et se prêtant un mutuel appui jusqu'à devenir des proies les uns pour les autres, afin de rendre possibles entre toutes les parties du réel tous ces modes de communication sans lesquels il serait impossible à la conscience de naître et de tout contenir.

*

Au point où nous sommes parvenus, on peut s'étonner que les adversaires modernes du transformisme prétendent rejeter celui-ci en gardant la théorie de la descendance. Celle-ci leur paraît hors de doute et les découvertes paléontologiques suffisent à leurs yeux pour l'établir. Seulement, ils lui donnent une application limitée. Deux idées essentielles résument la thèse de M. Vialleton. La première, c'est qu'il faut distinguer d'abord des formes essentielles comme le Vertébré, le Mammifère ou le Carnivore, qui sont des types abstraits, de pures idées, et qui ont subsisté sans changement depuis l'origine de la vie, ensuite des formes secondaires, comme les genres et les espèces, dont la durée est moindre et qui ont pu varier selon les circonstances de temps et de lieu. Mais on ne peut s'empêcher de penser que les genres et les espèces sont aussi des idées et que, si l'on veut passer de l'une à l'autre par évolution, la transition entre les formes essentielles elles-mêmes ne saurait être regardée comme impossible. Sur ce point M. Vialleton accorde à l'évolution trop ou trop peu, et sa pensée se trouvera nécessairement acculée à l'alternative du tout ou rien.

Mais il y a dans son livre une seconde idée qui nous paraît plus féconde, c'est qu'à l'intérieur des formes essentielles inséparables des premières manifestations de la vie, on pourrait imaginer des « germes ou bourgeons d'attente » encore invisibles et qui attendraient, pour éclore, le moment voulu, c'est-à-dire le moment où les conditions du milieu deviendraient capables d'assurer leur développement. Sans préciser davantage la nature de ces germes préexistants, on peut les considérer comme des puissances latentes qui ne pourraient se réaliser que sous la pression des circonstances actuelles, mais qui devraient toujours produire certaines formes systématiques pour devenir viables.

On comprendra dès lors les raisons de l'hostilité de M. Vialleton à l'égard du transformisme, qui est une explication de l'évolution par des causes mécaniques ou fortuites. L'évolution, pour lui, est une évolution dirigée. Il s'oppose donc à Lamarck, pour qui l'être change en s'adaptant au milieu dans lequel il vit, consolide peu à peu son adaptation et la transmet ensuite à ses descendants. Il s'oppose à Darwin, pour qui l'être naissant présente des variations accidentelles dont les unes lui sont favorables et l'obligent à triompher dans la lutte pour la vie, dont les autres lui sont néfastes et l'obligent à succomber. Peut-être la querelle qui a mis aux prises, pendant la seconde moitié du XIXe siècle, les lamarckiens et les darwiniens a-t-elle montré leur égale impuissance à expliquer le phénomène de l'évolution. Car on a établi contre Lamarck que les caractères acquis par l'individu au cours de son propre développement demeurent sa propriété et ne deviennent pas celle de l'espèce, ce qui nous permet, au lieu de noyer les êtres particuliers dans le

PREMIÈRE PARTIE

flux de leur hérédité, de laisser à chacun d'eux son existence séparée, de sauvegarder, à l'intérieur de certaines limites, son originalité et sa responsabilité personnelle. On a établi contre Darwin que la lutte pour la vie explique comment s'opère un triage entre des êtres déjà formés, mais non pas comment ils se forment, qu'elle explique comment ils survivent, mais non pas comment ils apparaissent, ce qui nous permet de laisser subsister entre les individus une émulation qui exerce leurs puissances sans pourtant les produire.

Tout le monde sait que le transformisme classique a été renouvelé par la découverte de certains changements brusques connus sous le nom de « mutations » et qui semblent s'introduire tout d'un coup dans le développement de quelques espèces. Cette découverte a l'avantage de placer la variation sous nos yeux. Elle la soumet à l'expérimentation. Elle tend à nous délivrer des hypothèses invérifiables sur une évolution insensible poursuivie pendant de nombreux millénaires. Elle nous permet d'établir entre les espèces biologiques une discontinuité analogue à celle qui sépare les unes des autres les espèces chimiques et qui est fondée, elle aussi, sur l'idée d'un intervalle déterminé entre les différentes formes d'équilibre que les composés matériels sont susceptibles de réaliser. M. Vialleton montre parfois de la sympathie pour l'idée de la mutation parce que, dès qu'elle a une certaine ampleur, elle ressemble à une création partielle. Mais ne suffit-il pas, alors, de la considérer comme une libération, pour ainsi dire explosive, de l'une des multiples puissances accumulées à l'intérieur de tout être vivant et qui jaillissent sous l'influence de certaines causes extérieures agissant à la manière de véritables causes occasionnelles ?

Il importe de conclure. Le temps permet aux différentes formes de la vie de s'épanouir tour à tour. Il manifeste les différentes puissances qui sont inscrites dans l'être éternellement : il n'en crée aucune. Elles existent toutes simultanément, mais à un stade inégal de développement. En cherchant leur filiation historique on s'expose à commettre des erreurs parce qu'on risque d'établir une parenté entre des formes transitoires appartenant à des lignées différentes. Jusque dans l'ordre historique on veut découvrir l'image d'un ordre logique dont presque tous les chaînons sont sous nos yeux. L'homme n'est pas le point culminant d'une évolution progressive : il suppose autour de lui tous les autres rameaux de la

41

vie sans lesquels il ne pourrait pas se soutenir. A mesure que sa conscience grandit, il découvre en elle une participation graduelle à tout l'univers. Bien plus, toutes les idées sont toujours en puissance dans sa pensée, bien qu'elles apparaissent en lui l'une après l'autre. Chacune d'elles a, jusqu'à un certain point, un caractère de nouveauté : elle est issue beaucoup moins de l'idée qui l'a précédée que de l'acte original par lequel, dans le présent, la pensée l'a créée. Elle évoque autour d'elle une infinité d'autres idées grâce auxquelles la puissance même de cette pensée trouve à chaque instant une expression intégrale : c'est seulement le centre de gravité de la pensée qui ne cesse de se déplacer pour permettre à toutes les idées de se faire jour successivement dans les perspectives les plus différentes. Il en est de même de la vie : toujours égale à elle-même, elle semble multiplier les créations particulières ; mais, bien qu'elles paraissent dérivées les unes des autres, elles sont toutes produites d'un seul jet, elles forment une gerbe bien liée dont toutes les tiges sont inséparables, mais fleurissent à leur tour.

8 juin 1930.

VI. LE DIALOGUE DU SAVANT ET DE LA NATURE

La philosophie n'a pas d'objet séparé. Elle est la conscience de l'activité de l'esprit ; or, prendre conscience d'une activité, c'est aussi l'exercer et la promouvoir : on ne peut pas la décrire sans y participer. Seulement, l'esprit ne tourne pas à vide : il a besoin d'une matière à laquelle il s'applique, d'une fin qu'il s'efforce d'atteindre. Ainsi, nous ne parvenons à le connaître qu'à travers ses œuvres : c'est pour cela que la philosophie est une réflexion sur toutes les entreprises de l'esprit, sur la science, sur l'art, sur la morale, sur la politique et sur la religion ; elle essaie de reconnaître quelle est la puissance qui les produit, quelles sont ses exigences fondamentales, pourquoi elle est une dans son principe et multiple dans son emploi, comment elle nous donne du monde une représentation de plus en plus complexe qui nous permet d'agir sur lui et de le réformer indéfiniment.

Mais il y a entre la science et la philosophie une relation privilégiée. La science traduit les succès de notre pensée dans la représentation du monde matériel : elle est le produit de la raison et de l'expérience conjuguées. Cependant, elle n'absorbera jamais la philosophie, comme on le croit quelquefois : car la philosophie étudie l'esprit dans la totalité de ses opérations et non pas seulement dans l'opération par laquelle il connaît les choses. Mais les progrès de la science nous conduisent à prendre une conscience de plus en plus lucide des rapports de l'esprit avec le réel, c'est-à-dire avec cet objet, avec cet obstacle, avec cet instrument qu'il trouve toujours devant lui, dont il cherche à prendre toujours une possession plus parfaite, qui l'oblige à mettre en jeu toutes ses ressources, à les multiplier et à les renouveler indéfiniment, et qui lui donne sur le mystère de cet univers où notre corps est appelé à vivre toujours plus d'ouverture et plus de lumière.

Mais ce qui nous frappe tout d'abord, c'est l'écart qui sépare le monde que nous avons sous les yeux de la représentation que le savant nous en donne. Le premier est un vallonnement de qualités qui sont autant de points d'appui pour le regard et pour la main et ne cessent de se modifier selon les variations de la lumière et l'état de nos mouvements. La seconde échappe à nos sens et ne peut être qu'imaginée. Elle consiste dans un ensemble de relations d'espace et de temps entre des événements invisibles, auxquelles nous donnons une forme numérique de plus en plus précise. Il n'y a donc aucune ressemblance entre ce que nous voyons du monde et ce que nous en savons ; c'est pourtant ce que nous en voyons qui nous intéresse, qui suscite tous les problèmes, qui confirme toutes les solutions. Mais si nous dépassons cette apparence, c'est pour atteindre une structure cachée. Les relations scientifiques sont comme une toile d'araignée très subtile tissée par notre esprit, dont nous multiplions et dont nous entrecroisons les fils de manière à suivre les articulations les plus délicates du réel, c'est-à-dire à avoir prise sur lui à la fois par la pensée et par la volonté.

Jusqu'à une époque récente pourtant, la représentation commune du monde et sa représentation scientifique gardaient une certaine homogénéité : et l'on pensait que l'on pourrait passer de l'une à l'autre si nos sens par exemple devenaient tout à coup extrêmement aigus. Mais il n'en est plus ainsi aujourd'hui. Les nouvelles théories scientifiques déroutent le public cultivé et, jusqu'à un certain point, les savants eux-mêmes. On a beau nous assurer qu'il n'y a plus rien ici que l'on puisse imaginer, rien dont on puisse avoir l'intuition : quelle que soit la méfiance qu'on témoigne à l'égard de l'imagination ou de l'intuition, on ne peut s'empêcher de craindre que là où elles disparaissent tout à fait, la réalité ne disparaisse aussi. On a beau dire qu'il n'y a rien ici qui réponde aux anciennes exigences de la raison, et même que nous nous trouvons obligés de donner accès dans la science elle-même à l' « irrationnel » : on ne peut s'empêcher de craindre qu'un échec de la raison ne tende à devenir une acquisition dont on nous demande de nous contenter. Il en serait tout autrement si les admirables découvertes de la physique moderne pouvaient nous obliger à affiner et à assouplir la conception un peu trop élémentaire que nous nous faisions de l'intuition et la conception un peu trop raide que nous nous faisions de la rationalité.

On trouve dans un petit livre intitulé *l'Evolution de la physique et de la philosophie* une suite d'exposés qui ont été faits, au cours de la quatrième semaine internationale de synthèse, par deux physiciens, MM. Bauer et Louis de Broglie, et par trois philosophes, MM. Serrus, Brunschvicg et Rey, sur les problèmes que proposent aujourd'hui à l'esprit humain la théorie de la *relativité* et la théorie des *quanta*. Ces mots cachent aux yeux de beaucoup d'hommes un impénétrable mystère. Mais les notions les plus profondes et les plus embarrassantes pour la pensée expriment toujours certaines vues très simples et très primitives de l'esprit qui peuvent nous échapper pendant très longtemps parce qu'elles sont inséparables de toutes les opérations de la pensée qui les enveloppent toujours : il est naturel que, lorsque ces opérations portent sur une matière plus ténue et qui cesse de les offusquer, elles nous découvrent leur jeu véritable. Il peut arriver alors que toute notre représentation du monde se trouve changée. Ainsi nous ne pensons pas que M. Bauer ait tort en disant que la révolution actuelle de la physique constitue « une des expériences philosophiques les plus émouvantes de l'histoire ».

*

Avant la relativité, nous dit M. Bauer, le temps et l'espace étaient des absolus. C'étaient, selon Newton, des attributs de l'être infini :

l'espace était le domaine de son action, le temps en était la condition ; ce qui impliquait sans doute en lui une conscience analogue à la nôtre, universelle et éternelle. Dans cet espace et dans ce temps, nous pouvions distinguer des événements qui étaient reliés entre eux par le principe de causalité selon un déterminisme inflexible. La matière avait été réduite pendant longtemps à des corpuscules dont les rapports mutuels étaient expliqués par la loi du choc ; elle était devenue un assemblage de particules électriques. Mais on pensait toujours comme Laplace qu' « un observateur qui connaîtrait parfaitement les positions et les vitesses initiales de toutes les particules d'un système isolé pourrait prévoir avec une précision infinie toutes les solutions ultérieures du système ». Dans une telle conception, on supposait la possibilité d'une géométrie pure et d'une mécanique pure qui dominaient toutes les sciences de la nature. Or, le caractère essentiel de la théorie de la relativité, c'est de montrer que ces sciences doivent être subordonnées à la physique, et qu'on ne peut rien dire de l'espace et du temps indépendamment des méthodes par lesquelles on les mesure. L'espace et le temps absolus échappent donc complètement à notre expérience. En ce qui concerne proprement l'espace, il est évident que nous ne pouvons le définir comme une simultanéité parfaite. Car comment vérifierait-on cette simultanéité, puisqu'on ne peut faire parvenir instantanément aucun message d'un lieu à un autre ? Selon le mot d'un physicien, « nul n'a jamais vu simultanément les deux extrémités d'une table un peu longue ». Le temps et l'espace sont donc solidaires et ne peuvent être séparés. Mais il y a plus, nul ne peut les mesurer que grâce à des repères par lesquels il jalonne l'univers qui l'environne : pour l'espace, ces repères sont des objets ; pour le temps, ce sont des horloges accordées entre elles par des signaux électriques ou électromagnétiques. Seulement il est facile de voir que ces mesures ne peuvent pas coïncider pour des observateurs qui sont en mouvement les uns par rapport aux autres. Dès lors chacun doit vivre dans un espace et dans un temps qui lui appartiennent en propre.

Nous éprouvons alors un sentiment de vertige en voyant s'écrouler notre représentation classique de l'univers où les intervalles d'espace et de temps qui séparaient les objets ou les événements avaient un caractère immuable et constituaient pour ainsi dire la base commune de toutes nos expériences. Cet univers rigide se dissout tout à coup pour céder la place à une infinité de perspectives variables qui dépendent de la position et du mouvement de l'observateur, comme si la « chose » perçue venait à être abolie et qu'il ne subsistât que les perceptions multiples que les différents individus peuvent en avoir. C'est là, en philosophie, le point de vue de l'idéalisme subjectif : il correspond à cette vérité, c'est que l'univers ne nous est jamais donné que comme la représentation d'un être particulier qui occupe par rapport à lui une situation unique et privilégiée. Seulement, on pensait jusque-là qu'en substituant à l'image personnelle que nous avons des objets les nombres qui les mesurent on aboutissait à une connaissance valable pour tous : l'originalité des relativistes, c'est d'avoir admirablement montré que ces mesures à leur tour ne peuvent pas être les mêmes, mais qu'elles changent nécessairement selon la place de l'observateur et le mouvement par lequel il est entraîné.

Cependant, le véritable mérite de la théorie de la relativité, c'est d'avoir dépassé cette sorte de « pluralisme métrique » et d'avoir cherché à atteindre les lois de la nature indépendantes de tout système individuel de repérage et valables pour tous les observateurs possibles. Il s'agit donc de découvrir un invariant qui ne fasse qu'un avec la réalité elle-même. Or, chose curieuse, c'était la dissociation de l'espace et du temps qui donnait pour ainsi dire à l'un et à l'autre son caractère de subjectivité, tandis que leur liaison va faire apparaître dans le monde une grandeur objective qui est la même pour tous les individus. Cette grandeur, c'est « l'intervalle », qui exprime une relation constante entre la distance de deux événements dans l'espace et leur distance dans le temps, mesurée par l'espace que parcourt la lumière dans ce même temps. Nous voilà donc en présence d'une forme de réalité qui reste identique à elle-même pour tous les observateurs, qui explique et qui surpasse la variabilité de toutes les mesures, qui unit dans notre représentation, mais sans les confondre, l'individuel à l'universel, qui nous éloigne, il est vrai, singulièrement de nos intuitions les plus familières, mais comme la découverte de Copernic nous éloignait de la représentation que nous donne le soleil dans son parcours quotidien à travers le ciel, qui enfin paraît l'œuvre de la pensée la plus abstraite, mais qui n'a été choisie par elle que parce que les conditions d'une expérience

46

PREMIÈRE PARTIE

minutieusement observée la lui ont en quelque sorte imposée.

*

La représentation classique du monde a été au moins en apparence beaucoup plus profondément ébranlée par la théorie des *quanta* que par la théorie de la relativité. Et le philosophe suit le développement de cette conception nouvelle avec une singulière anxiété, non point, comme on pourrait le croire, parce qu'elle déroute ses procédés ordinaires de réflexion, mais au contraire parce qu'elle l'oblige à retrouver, à travers les observations objectives les plus délicates, l'une de ses préoccupations les plus essentielles : à savoir cette impossibilité de séparer de l'objet de connaissance les procédés mêmes qui l'appréhendent, qui l'oblige à poser sans cesse sous une forme nouvelle le problème des rapports entre l'objet et le sujet.

La notion de *quantum d'action* a été introduite par Planck. La lumière était considérée alors comme un phénomène continu formé d'ondes périodiques, transversales et électromagnétiques : on ne pensait pas pouvoir expliquer sans elles certains faits comme les interférences et la diffraction. Mais d'autres faits, parmi lesquels il faut citer surtout peut-être l'effet photo-électrique, qui nous montre comment en frappant un corps elle en détache des électrons, nous conduisaient à supposer l'existence de grains de lumière dont l'énergie était proportionnelle à la fréquence : dans ce rapport célèbre apparaissait une constante universelle qui est connue précisément sous le nom de constante de Planck.

Mais de ces prémisses des conséquences surprenantes allaient découler. Tout d'abord on voit sans peine que puisqu'on ne peut observer aucun corpuscule sans l'éclairer, l'énergie du grain de lumière doit introduire dans le phénomène étudié une perturbation déterminée, ou, d'une manière plus précise, que le physicien ne peut effectuer aucune mesure sans que le *quantum* d'action fasse subir à l'état du système un changement discontinu. Heisenberg, en particulier, a montré qu'il est impossible d'imaginer un dispositif expérimental qui permette de déterminer à la fois avec une précision parfaite la position et la vitesse d'une particule. Plus l'observateur s'attachera à mesurer avec exactitude l'une de ces deux grandeurs, plus l'autre grandeur se trouvera modifiée, bien que d'une manière impossible à prévoir, par l'opération même de la

47

mesure. De telle sorte qu'une contradiction apparaît entre l'effort que nous faisons pour décrire en termes d'espace et de temps l'état mécanique du système et l'effort que nous faisons pour préciser son état dynamique. Ainsi, M. Louis de Broglie nous montre qu'il ne faut pas rire de la flèche de Zénon qui vole et qui ne vole pas. En voulant isoler la position, nous procédons à une sorte d'idéalisation du réel qui nous fait négliger le mouvement ; en voulant isoler la vitesse, nous procédons à une autre idéalisation qui nous fait perdre la position : et ces deux démarches de l'esprit deviennent précisément incompatibles à l'échelle microscopique.

Le véritable intérêt de ces faits nouveaux c'est de nous montrer d'une manière saisissante l'impossibilité de nous en tenir à ce postulat qui était commun autrefois à la science et à la philosophie : c'est que le propre de la connaissance, c'est de nous obliger à considérer l'univers du dehors comme s'il était un spectacle qui nous fût offert et auquel nous pourrions rester étranger. La connaissance se produit dans un monde dont nous faisons partie et qui est toujours altéré par elle. Lorsque l'échelle est assez grande, nos procédés d'observation ne troublent pas d'une manière sensible le monde des phénomènes. L'action de la lunette que nous dirigeons vers un astre ne modifie le cours de l'astre que d'une manière négligeable. Mais quand on étudie des phénomènes de plus en plus petits on ne peut faire décroître indéfiniment l'interaction que toute mesure suppose entre les appareils et le monde extérieur. Ainsi, en concentrant sur l'atome nos rayons les plus puissants pour analyser le mécanisme de ses changements, nous le détruisons.

Cependant, il ne faut pas se hâter de comparer ces opérations matérielles par lesquelles nous transformons la nature de l'objet, dans l'effort que nous faisons pour le connaître, avec les effets de l'introspection, qui change notre état intérieur, l'évoque ou l'abolit, selon les oscillations de notre attention à nous-même. Car l'introspection est un acte de la conscience ; l'état auquel il s'applique est vécu par nous plutôt qu'il n'est observé ; nous ne pouvons jamais en faire un objet véritable et sans doute ne donne-t-il prise à aucune science. Au contraire, les instruments mêmes dont se sert le savant, si profondément qu'ils puissent modifier le monde de l'objet, appartiennent encore au même monde : ils font partie avec l'objet lui-même d'un système homogène dont les parties réagissent les unes sur les autres sans qu'il soit toujours facile d'introduire entre elles une ligne de démarcation. A cet égard la théorie des *quanta* ne nous paraît pas présenter un caractère d'originalité absolue par rapport à la théorie de la relativité : car la théorie de la relativité a intégré le temps, qui est une condition de la perception, dans la représentation objective des phénomènes, et la théorie des *quanta* nous oblige à y intégrer les conditions instrumentales de l'observation. Mais, en réalisant cette double intégration, l'esprit sauvegarde son indépendance.

Ce qui ne veut pas dire que dans aucune de ces deux théories il se détache jamais de l'intuition : au contraire, il la suit toujours. Il ne la quitte qu'en apparence, comme Copernic quand il changeait le sens des mouvements, mais parce qu'il avait observé que l'expérience permet en effet de le changer. Ainsi la science passe sans cesse de l'intuition sensible à une intuition imaginaire destinée à l'expliquer, et non à l'abolir. De même, la raison qui risque toujours de paralyser la recherche en s'enfermant dans des cadres trop rigides est obligée de les briser dès qu'elle se trouve en présence de nouvelles antinomies. Mais ce sont elles qui l'obligent, pour en triompher, à se renouveler et à s'assouplir indéfiniment. De plus, elle ne tourne jamais, comme on le croit, le dos à l'intuition : elle se renoncerait elle-même si à travers mille difficultés elle ne parvenait pas toujours à nous suggérer, au-delà de l'intuition actuelle, une intuition possible, de plus en plus complexe et de plus en plus fine.

28 juin 1936.

DEUXIÈME PARTIE

I. L'ART PUR

Il n'y a point de mot qui exerce sur nos contemporains plus d'attrait que le mot « pur ». C'est peut-être parce que notre civilisation mécanique et démocratique tend à abolir les distances entre les choses, entre les hommes et entre les idées, c'est parce qu'elle menace de tout mêler et de tout confondre qu'il se produit une réaction de défense où l'on tâche de maintenir et de sauver ces différences authentiques, cette originalité et cette indépendance qui donnent à chaque type d'existence, à chaque forme d'activité son relief propre et sa valeur absolue. Le souci de pureté va plus loin qu'on ne pense : il a une portée métaphysique qu'on ne saurait méconnaître. Il suppose que tout mélange ne peut que vicier, altérer et corrompre la réalité véritable. Est-ce donc que celle-ci est formée d'essences séparées, comme le monde de Platon ? Et faut-il admettre qu'elles puissent s'obscurcir et se dégrader, de telle sorte que ce soit précisément le rôle de notre activité spirituelle de les retrouver à travers le flux des apparences, et, pour ainsi dire, de leur demeurer fidèle alors que le devenir universel tend toujours à les emporter et à les dissoudre ?

On comprend par là que la pureté puisse paraître une vertu négative, qu'elle désigne tantôt un affranchissement à l'égard de toutes les sollicitations extérieures qui viendraient infléchir l'élan spontané de notre pensée, tantôt cette parfaite transparence qui nous montre les choses telles qu'elles sont sans que le désir vienne troubler leur image, tantôt cette activité absolument gratuite, comme nous le disons aujourd'hui, qui se désintéresse de toute fin, qui ne se subordonne ni à l'utilité ni à la moralité et jouit seulement de son libre jeu.

Il est remarquable que ce soit dans les éléments mêmes de la nature, dans l'eau, dans l'air et dans la lumière, que nous cherchions les premiers symboles de la pureté. Mais c'est parce que l'eau, l'air et la lumière donnent à nos sens un aliment presque immatériel. De plus, ce sont des milieux qui enveloppent les choses, mais de manière à les révéler au lieu de les dissimuler. Ils donnent leur pureté aux couleurs et aux contours ; et ils nous servent à comprendre que la pureté est toujours une atmosphère à travers laquelle le réel nous apparaît, et non point un caractère qui appartiendrait à certaines de ses formes : tout le réel peut-être purifié. C'est dans le même sens que l'expression de « raison pure », introduite par Kant, a toujours exercé sur les esprits une sorte de prestige : et, bien que Kant n'ait songé qu'à limiter les prétentions de cette faculté, le monde de la raison pure sera toujours pour nous le monde clair, limpide, subtil, harmonieux, qui se découvrirait à nous dès que le corps cesserait d'interposer entre le réel et nous le nuage des sensations et celui des passions.

50

La pureté est-elle donc la vertu propre de l'esprit, comme il arrive quand on entend précisément sous le nom d'impureté toutes les souillures par lesquelles il cède aux appels du corps et cherche lui-même à s'y complaire. Mais c'est encore ici du mélange des choses différentes, et qui se corrompraient pour ainsi dire l'une l'autre, que sortirait l'impureté. Aussi parle-t-on inversement de la pureté et même de l'innocence du corps. Tous ceux qui font état de la pureté du sang ou de la race ne songent point sans doute à l'esprit qui habite chez tous les hommes, mais dans la mesure précisément où il y a en chacun d'eux une aspiration vers une vérité qui est commune à tous. Tant il est vrai de dire que le mot de pureté, à notre époque, désigne toujours une conformité de notre nature ou de notre action à l'égard d'une certaine essence particulière. De telle sorte que l'on peut parler, par exemple, de « la passion toute pure », non sans une certaine admiration parfois, là où la passion n'est point adultérée par quelque élément étranger qui viendrait se mêler à son essence propre, par des sentiments d'une autre origine, comme la timidité, l'hypocrisie ou le scrupule. De là aussi l'intérêt que présentent les expressions si répandues d' « art pur » et de « poésie pure » par lesquelles on ne prétend point seulement revenir à cette ancienne conception de « l'art pour l'art » qui isolait l'activité artistique de toutes les autres fonctions de l'esprit, en la regardant comme étant elle-même une fin qui devrait se suffire, mais encore découvrir dans tous les arts une loi intérieure capable d'expliquer et de régler toutes leurs opérations, indépendamment du sujet qui leur sert de matière ou de la signification que l'œuvre elle-même pourra recevoir.

*

On lira avec intérêt, dans le premier numéro de la *Revue d'art et d'esthétique* qui vient de paraître, un article dans lequel M. Etienne Souriau cherche à définir l'idée de l'art pur. Il existe, pour lui, des lois précises auxquelles il est soumis, et qu'il n'est pas impossible de formuler. Ce qui nous frappe d'abord, c'est que la même idée de l'art pur puisse s'appliquer à tous les arts, bien qu'elle exige que chacun d'eux l'incarne pourtant dans une forme unique et séparée. Il y a entre eux une communauté spirituelle. Or, c'est le propre même de l'esprit, partout où il agit, d'être indifférent aux événements et de donner aux plus humbles une lumière intérieure qui les transfigure. Il en est ainsi de l'art : il est partout et il n'est nulle part. On peut bien dire qu'il réside dans une certaine pénétration du sensible par l'esprit, mais qui est telle que l'esprit et le sensible ne se distinguent plus : l'esprit est rendu sensible et le sensible est spiritualisé. Il ne faut point demander que l'art pur ait un sens, ni qu'il donne un sens aux choses. Il est au-delà de tous les sens. Vouloir que les choses aient un sens, c'est chercher la cause qui les explique ou la fin à laquelle on peut les faire servir. Le propre de l'art pur, c'est seulement de nous révéler leur nature secrète, la disposition intérieure par laquelle elles s'organisent, s'assemblent et se suffisent, et qui nous donne la joie de leur présence, la joie même de ce qu'elles sont. L'art pur compose avec les éléments du réel toutes les émotions que le réel est capable de nous donner : et c'est pour cela que tantôt il nous apparaît comme la réalité elle-même qui tout d'un coup nous est montrée, tantôt comme un artifice, comme un charme qui l'enchante.

On comprend facilement que l'art pur n'accepte point d'être capté ni asservi. On sent bien que toute fin étrangère à laquelle on voudrait le subordonner ruinerait son essence propre en cherchant à satisfaire en lui d'autres exigences de la conscience, ou altérerait la nature même de l'activité qui le produit, l'émotion inimitable qui l'accompagne, et la relation métaphysique qu'il établit entre le réel et nous. On voit aussi pourquoi il est impossible qu'il se réalise autrement que par des arts séparés. Il est en effet une liaison et presque une complicité de l'esprit et du sensible : en lui, l'esprit appelle le sensible en témoignage. Et il y aura autant d'arts qu'il y a de moyens par lesquels l'esprit parvient à pénétrer dans ce sensible pour y retrouver l'effet de ses propres opérations. Est-ce dire que le sensible est devenu moyen au service de l'esprit ? N'est-il pas fin aussi, puisque c'est lui qui nous montre ces relations spirituelles qui sans lui demeureraient à l'état de simples possibilités ? Mais, alors, on comprend aisément que, dans la perfection de l'art pur, le thème et le sens doivent également s'effacer. Ils introduiraient toujours ici un élément étranger, et pour ainsi dire abstrait, qui empêcherait l'œuvre de subsister par elle-même, c'est-à-dire par la loi intérieure qui assemble ses parties. Un tableau doit résulter du seul accord entre les couleurs, comme une symphonie du seul accord entre les sons et un édifice du seul accord entre les lignes de

DEUXIÈME PARTIE

force. C'est dans ces purs rapports que réside leur valeur éternelle ; elle exclut toute autre interprétation idéale ou utilitaire. Il faut et il suffit, comme le montre M. Souriau, que l'artiste pense par couleurs, par notes et par pierres.

C'est dire que l'art n'est point, comme on le croit, évocateur d'autre chose : il n'est le signe de rien parce qu'il nous rend la réalité même présente. L'art s'envole dès que l'abstraction paraît. Et, par une sorte de miracle, c'est l'art le plus sensible qui réussit le mieux à nous faire traverser le sensible même pour nous montrer en lui la loi spirituelle qui l'éclaire et qui le soutient. L'objet, alors, s'abolit : il ne montre plus que les rapports profonds entre les éléments mêmes qui le forment, qui créent et qui maintiennent son existence même. Eugène Delacroix mettait au mur des échantillons de teintes juxtaposés ; et c'est à la manière dont elles se composaient qu'il cherchait à faire surgir le tableau, qui n'était pour lui que le parti pris d'une certaine harmonie de couleurs. Peut-être faut-il dire qu'il y a ainsi dans toutes les œuvres de l'esprit des essais par lesquels l'intelligence cherche à reconnaître comment les choses elles-mêmes se font : dans une rencontre de hasard, l'artiste, le poète, et peut-être même le penseur, s'il faut toujours que la pensée s'exprime et devienne elle-même un art, découvrent une convergence mystérieuse entre les exigences de l'esprit et l'architecture même du réel. C'est le rôle de l'art de la faire sentir et de la produire. C'est pour cela qu'il crée sans cesse de nouvelles formes. Car la forme dessine le mouvement par lequel l'esprit s'empare de la matière, elle immobilise dans la pureté du contour l'acte mobile qui l'a tracé. Elle nous donne la vision émouvante d'un intelligible réalisé. Ainsi M. Souriau peut-il dire que « l'art seul rend les choses translucides, qu'il est une logique illuminative de l'être ».

Aussi, bien que chaque art soit astreint à garder son indépendance, peut-on retrouver à travers les différents arts la présence de certains rapports identiques, que l'investigation scientifique parviendra à mettre en lumière, grâce à quelques méthodes ingénieuses. On montrera par exemple qu'une mélodie est une arabesque en mouvement, qu'entre un poème, un tableau, une sonate, un édifice, on peut retrouver la correspondance rigoureuse de certains rythmes. Comme un même motif musical se reconnaît encore à travers des transpositions dans les différents modes ou tons, un même motif

53

artistique peut s'incarner dans la sculpture, la peinture, la musique ou la poésie. Quant aux moyens mêmes que l'esprit emploie pour disposer les éléments du réel de manière à produire l'émotion, ils sont sans doute en petit nombre, et restent les mêmes dans les différents arts. Peut-être pourrait-on retrouver en eux quelques-uns des mouvements essentiels qui engendrent dans notre âme tous nos sentiments : M. Souriau cite l'opposition et la dissonance qui, lorsqu'elles prédominent, inclinent notre conscience vers le tragique, la médiation et le redoublement qui l'inclinent plutôt vers la grâce. Le redoublement même peut recevoir les formes les plus variées : le retard, l'anticipation, la rupture servent à mettre notre âme en suspens, à la faire osciller sans cesse d'une harmonie qui semble perdue à une harmonie heureusement retrouvée.

*

Henri Brémond avait rendu célèbre autrefois l'expression de poésie pure. On l'avait entendu nous dire, avec une finesse pleine de malice paradoxale, que la poésie ne tient pas à la terre, qu'elle n'est point faite pour exprimer des idées, qu'elle nous met dans un état de grâce intérieure, qu'elle naît de certains sons harmonieux auxquels on ne peut rien changer sans que son charme se rompe, qu'elle arrête notre esprit dans la jouissance, alors que la prose le précipite vers l'événement, qu'elle compose une sorte de tout sans parties, alors que la science ne nous livre que des parties qui ne forment jamais un tout, et qu'enfin, comme la prière, elle ne fait pas son séjour dans le temps, mais nous ouvre un accès vers l'éternité.

On entend bien d'ailleurs qu'en relevant ainsi la poésie au-dessus de toutes les règles, en maintenant en elle le caractère de l'inspiration et du don, Henri Brémond n'entendait point dissimuler la part qu'elle laisse à l'activité du poète, qui ne cesse jamais d'être attentif et de choisir : à travers toutes les impulsions qui se partagent notre conscience et dont la valeur est si inégale, seuls les êtres les plus délicats et peut-être les plus « purs » sont capables de discerner ces touches spirituelles qui nous révèlent l'âme même des choses, à laquelle la plupart des hommes restent insensibles ou qu'ils ne cessent d'ensevelir sous des préoccupations plus communes. Et lorsqu'il déniait un sens à la poésie, c'était sans doute parce qu'il lui en accordait plusieurs, et même une infinité, puisque par elle, à

DEUXIÈME PARTIE

travers le sensible, c'était tout un monde surnaturel qui nous était révélé.

Mais l'art ne peut pas sans doute être confondu avec la poésie, bien que la poésie donne à tous les arts la grâce et la lumière. M. Jacques Maritain touche à tous ces problèmes dans un livre intitulé *Frontières de la poésie et autres essais* (Rouart), et que l'on peut considérer comme une sorte de prolongement d'*Art et scolastique*, qui avait paru en 1920. Derrière le vocabulaire des thomistes qu'il essaie avec beaucoup de zèle d'introduire à nouveau dans la langue des philosophes, on sent en lui le souci de retrouver l'art à sa source, de sympathiser avec toutes ses formes vivantes, de le suivre jusqu'à la pointe extrême de l'aventure, sans méconnaître jamais ni la pureté qu'il faut lui laisser sous peine de le trahir, ni les disciplines auxquelles pourtant il doit rester assujetti, sous peine de ruiner la conscience, au lieu de la promouvoir.

Il ne faut pas oublier que l'artiste est un artisan : mais il ne cherche pas comme lui l'utilité. Son art réside exclusivement dans le jeu de son activité, dans les conditions de son exercice, dans les proportions de ses assemblages ; et c'est ainsi qu'il engendre la beauté, qui est ce qui fait être les choses. En accordant l'intelligence avec les sens, l'art réalise l'intuition véritable et nous fait éprouver une joie dépouillée d'intérêt qui est la joie de l'existence pure. On peut bien dire de l'art qu'il est artifice, et de la poésie qu'elle ne l'est pas, du moins si elle est une ouverture sur le surnaturel ; mais l'artifice en est la clef. On discutera sans doute longtemps pour savoir si l'art doit, comme la poésie, ressembler à cette prière dont saint Antoine disait, selon le rapport de Cassien, qu' « il n'y a pas de prière parfaite si le religieux s'aperçoit lui-même qu'il prie » ; ou s'il doit se régler sur ce mot de Léonard que cite aussi M. Maritain : « Pauvre maître que celui dont l'œuvre dépasse le jugement. Celui-là seul marche vers la perfection de l'art dont le jugement dépasse l'ouvrage. » On classerait assez facilement les esprits selon la préférence dont ils font preuve à l'égard de l'un ou de l'autre de ces deux textes. Les plus rares sans doute seraient ceux qui réussiraient à triompher de leur opposition, qui, en acceptant avec Baudelaire que « tout ce qui est beau et noble est le résultat de la raison et du calcul », pourraient atteindre un dernier état où la raison et le calcul seraient pour ainsi dire surpassés, où la nécessité des opérations de l'intellect viendrait s'achever dans la spontanéité de l'inspiration. En ce point de parfaite réussite notre volonté reconnaît en elle la présence d'une activité plus haute dont elle a la disposition, mais avec laquelle, à la fin, elle vient pour ainsi dire coïncider : alors l'abandon n'est plus que l'extrémité de la maîtrise.

Pourtant, si l'art est un effort vers la pureté radicale, il faut qu'il soit incapable de l'obtenir, car il n'y a rien de parfait qui puisse s'accorder avec les conditions de la réalité. « Ainsi la spiritualité mallarméenne finit par se détruire elle-même. » De l'art pur il faut dire que les rapports internes qui le soutiennent sont incapables de lui suffire. Dans son essence propre on peut bien le réduire à la logique de l'activité créatrice : seulement le créateur est un être de souffrance et d'amour, et, à travers cette logique, ce qu'il nous montre, c'est toujours sa préférence la plus profonde et, si l'on peut dire, son attitude la plus personnelle et la plus secrète à l'égard de la vie.

1ᵉʳ décembre 1935.

II. L'ART ET LA FORME

L'espace est un abîme indifférent dans lequel nous voyons émerger des formes distinctes emprisonnées par un contour et qui subissent sans cesse de nouvelles métamorphoses. Le regard, la pensée et l'action n'ont point d'autre objet que de reconnaître le dessin de ces formes qui peuplent le monde, de les reconstruire par une opération intérieure ou de les modifier selon les exigences du désir. Avant que les formes apparaissent, le monde est un pur chaos : mais le regard, en épousant les inflexions de l'ombre et de la lumière, discerne bientôt dans ce chaos des arêtes précises, des lignes sinueuses qui se poursuivent, se rejoignent et font surgir une inépuisable variété de figures différentes. L'esprit à son tour essaie de découvrir la loi secrète à laquelle elles obéissent, et qui permet d'en devenir maître et de les engendrer pour ainsi dire indéfiniment. Il en invente de nouvelles que la volonté entreprend de réaliser : car c'est seulement en imprimant sa marque à l'univers que chaque être fait jouer les virtualités qui sommeillaient au fond de lui-même et qu'il accomplit sa destinée propre.

Assister à la naissance des formes, c'est saisir dans son exercice même l'activité de la puissance créatrice. Les anciens considéraient la nature comme l'œuvre d'un Dieu artiste, d'un Hermès qui invente et façonne sans cesse des formes nouvelles ; or, il y a chez le géomètre une austère ivresse par laquelle son esprit croit participer au même pouvoir : dans cet espace transparent et fluide qui n'oppose aucune résistance à son initiative, il se livre à un jeu divin, et fait éclore devant lui une architecture parfaite qui est un miracle de précision et d'immatérialité. Mais il arrive alors qu'en tournant son regard vers le monde sensible il éprouve une sorte de déception à laquelle Platon lui-même n'a pas échappé : car il y a une distance impossible à franchir entre l'exacte simplicité de toute construction idéale et la complexité infinie du contour le plus humble et le plus familier. Dès lors, comment ne pas regarder la première comme un modèle que la nature ne saurait réaliser sans l'altérer ou le corrompre ? Mais c'est qu'en réalité la nature dispose d'une géométrie si savante et si subtile qu'elle surpasse toujours la nôtre : la forme d'un arbre ou celle d'un corps humain possèdent une souplesse et une perfection qui découragent la règle et le compas ; l'intelligence ne parvient jamais à les calculer tout à fait, et pour les comprendre elle a besoin du secours de la sensibilité qui se rend docile à la délicatesse de leurs contours, à leur sinuosité inéluctable et imprévisible. C'est le propre de l'art de nous apprendre à discerner toutes ces formes vivantes, de chercher à les isoler dans des créations séparées qui s'ajoutent à celles de la nature, qui les prolongent, qui les varient, et qui révèlent dans l'esprit la présence d'une fécondité intarissable toujours prête à de nouvelles incarnations dans une matière qui ne cesse jamais de s'offrir.

Aussi est-ce l'art sans doute, précisément parce qu'il est médiateur entre l'esprit et la nature, qui nous révélera le mieux la véritable signification de la forme. Elle appartient à la fois au dehors et au dedans ; elle est la frontière où ils se rejoignent et où ils communiquent. C'est par elle que le monde extérieur et le monde intérieur viennent pour ainsi dire se toucher. Le contour de chaque être est l'expression de sa vie cachée, le dessin de tous ses mouvements commencés et retenus, la courbe même de son activité saisie à la limite de son expansion, au point où, pour se réaliser, elle paraît s'arrêter et mourir en devenant une pure surface de contact avec le monde qui l'environne. Ainsi la forme, c'est l'âme qui se montre et qui devient visible, non pas seulement, comme on le croit, à travers un masque qui nous oblige à la déchiffrer, mais à travers tous les élans qui la portent vers le monde et vers nous et qui l'obligent précisément à prendre telle forme sans laquelle elle ne serait rien. Il y a dans la forme une union de l'immobilité et du mouvement, de la matière et du sens, de la réalité la plus cachée et du spectacle même qu'elle donne. Aussi toute forme est-elle physionomique. Je ne puis moi-même la saisir qu'en essayant de la tracer ; mais il faut pour cela que j'utilise toutes les ressources de l'attention et de l'amour, que je retrouve en moi, par une sympathie véritable, le mouvement intérieur qui la crée, c'est-à-dire qui s'exprime et se réalise par elle. C'est l'âme qui la modèle par un travail secret ; mais par elle l'âme nous livre son être manifesté qui ne fait qu'un avec son être même et qui s'épanouit enfin à la lumière, à la fois pour le regard et pour l'esprit.

Non seulement la forme vient confondre la réalité avec son apparence et faire du mystère même de la vie un don offert à tous, mais elle est le double point de rencontre de notre activité et de notre passivité, du fini et de l'infini. Et d'abord, toute forme est inséparable de l'acte même qui la fait être, et qui est tantôt la poussée de l'élan vital, tantôt le geste de l'artiste créateur ; mais la forme s'inscrit ensuite dans le monde comme une réalité qu'il faut accepter et accueillir, dont le contour devient un guide qui demande à être suivi avec une exacte fidélité. Or, c'est cette passivité à l'égard de l'activité même qui fait l'essence de toute possession.

En même temps, toute forme est une limitation : et elle circonscrit l'être particulier, mais en le situant dans un espace sans bornes, indispensable pour que cette forme apparaisse et qui est toujours, par rapport à elle, un infini qui la soutient et un au-delà qui la surpasse. La forme la plus chétive est une clôture dont la pensée parvient à faire le tour, mais qui protège une sorte d'infini présent, secret, et qu'il est à jamais impossible d'épuiser. Ainsi, la forme n'a pas besoin, comme on le croit, de se faire incertaine et floue, afin d'évoquer cet infini où plonge le fini et dont on ne peut jamais le séparer. Car la précision de la forme la plus pure ne suffirait pas à l'isoler de l'infini ; elle pourrait lui donner, comme le pensaient les

Grecs, un caractère d'achèvement et de perfection, mais qui, selon nous, résulte toujours de la ligne même de démarcation qu'elle introduit entre deux infinis, un infini intérieur qu'elle contient et qu'elle maîtrise, un infini extérieur qu'elle exclut, mais qu'elle subit et qui la modèle.

*

Il faut être reconnaissant à M. Henri Focillon de nous avoir apporté, en ce qui concerne l'activité artistique, une remarquable étude sur la *Vie des formes* (Ernest Leroux), à une époque précisément où des biologistes comme Brachet affirment que le propre de la vie, c'est d'être créatrice de formes, où des psychologues comme Wertheimer ou Kœhler montrent que la conscience appréhende d'abord des formes, c'est-à-dire saisit toujours le tout avant les parties, où les néo-réalistes anglo-saxons prétendent atteindre dans les choses elles-mêmes les formes ou les structures que l'esprit se borne à décrire.

M. Henri Focillon, à qui nous devons tant d'études pénétrantes sur l'architecture et la peinture, et qui récemment encore publiait sous le titre *l'Art des sculptures romanes* de précieuses recherches sur l'histoire des formes, examine aujourd'hui la nature des formes elles-mêmes en montrant tour à tour la vie qu'elles reçoivent dans l'espace, dans la matière, dans l'esprit et dans le temps. Commençons par l'esprit où la forme puise son origine, où elle trouve le principe intérieur qui permet de l'interpréter ou de la produire. L'esprit est une possibilité, une virtualité pure aussi longtemps que son activité ne s'est pas exercée. Mais prendre conscience, pour lui, c'est prendre forme. Et l'idée n'est qu'une forme que le regard de l'esprit cherche à atteindre et à définir. Mais il ne peut y parvenir qu'en commençant déjà à la réaliser. M. Focillon dit que « le privilège de l'artiste est de sentir et de penser par formes » ; c'est dire que l'esprit est toujours artiste. Car si c'est en lui que l'idée naît à la vie, elle ne peut ni faire en lui son séjour, ni obtenir en lui sa croissance et sa maturité. Tout germe éclôt dans l'esprit, mais doit le quitter un jour pour chercher dans l'espace le terrain où il se développe et où il fructifie. C'est séparer un peu trop les domaines que de dire : « Peut-être sommes-nous dans le secret de nous-mêmes des artistes sans mains, mais le propre de l'artiste est d'en avoir. » Nous avons tous des mains dont nous faisons l'usage qui nous est propre, et précisément pour prendre possession des idées que nous aimons. Ainsi nul n'évite d'être artiste à sa manière. Et il faut bien qu'il accepte d'être jugé selon ses œuvres, s'il est vrai, à tous les degrés de l'échelle, que « c'est la genèse qui crée le dieu ».

Les deux chapitres sur les formes dans l'espace et les formes dans la matière sont remplis d'observations et de rapprochements qui éclairent d'un jour singulièrement vif la nature de la forme et les aspects qu'elle revêt dans les différents arts. C'est la forme qui construit l'espace ou qui le détruit : il est toujours animé et pour ainsi dire moulé par elle. Considérons par exemple l'architecture : elle est l'art de l'espace qu'elle aborde selon les trois dimensions et non pas seulement selon les surfaces ; elle est l'art de la pesanteur à laquelle elle résiste, mais dont elle règle l'action toujours présente dans le moindre de ses ajustements. Cependant la forme d'un édifice ne réside pas seulement dans ce que le regard peut en embrasser, dans l'équilibre rigoureux des parties, dans la proportion harmonieuse des façades. Une masse architecturale n'est pas un solide plein. Et M. Focillon nous dit avec beaucoup de précision et de subtilité : « L'homme chemine et agit à l'extérieur de toute chose ; il est perpétuellement en dehors, et pour pénétrer au-delà des surfaces il faut qu'il les brise. Le privilège de l'architecture entre tous les arts, qu'elle établisse des demeures, des églises ou des vaisseaux, ce n'est pas d'abriter un vide commode et de l'entourer de garanties, mais de construire un monde intérieur qui se mesure l'espace et la lumière selon les lois d'une géométrie, d'une mécanique et d'une optique qui sont nécessairement impliquées dans l'ordre naturel, mais dont la nature ne fait rien. » Ainsi Alain regardait déjà l'architecture comme un art essentiellement dynamique, qui trace les chemins de tous nos mouvements et figure par avance la marche de nos cortèges et l'ordre de nos cérémonies. Mais M. Focillon étudie pour elle-même cette forme creuse que l'architecte fait apparaître à la fois dans la pierre et dans la lumière : il montre comment les ombres et les éclairements collaborent à la production de la forme, et comment c'est la diversité de leur jeu qui l'anime et qui la fait vivre. Mais tous les arts s'interpénètrent : l'architecte sculpte l'espace externe et interne ; dans le flamboyant, il distribue ses effets à la manière d'un peintre. Il n'est point jusqu'aux vitraux qu'il n'utilise pour lier le dedans avec le dehors et la forme avec l'atmosphère. Mais « à quel règne, à quelle région de l'espace appartiennent ces figures placées entre le ciel et la terre et transpercées par la lumière ? Elles sont les symboles d'une transfiguration éternelle que l'art ne cesse d'exercer sur les formes de la vie ».

Le sculpteur pourtant nous révèle dans la forme quelques nouveaux traits. La statue close pèse de tout le poids de sa densité. Dans la délicatesse du modelé, elle traduit une interprétation de la lumière différente pour chaque artiste. Par opposition à la peinture, elle nous donne pour chaque forme une multiplicité de profils. Mais, surtout, elle fait coïncider en elle plus parfaitement qu'aucun art ces deux caractères de la forme : d'être, si on la considère du dehors, une limite pour l'action de la vue et du toucher et, si on la considère du dedans, une limite pour l'expansion d'un mouvement et des puissances mêmes de la vie. Quant à la peinture, elle ne dispose que de la surface, et l'on peut dire qu'elle donne une forme à un espace feint plutôt qu'à l'espace réel. Aussi utilise-t-elle les moyens les plus différents. « La peinture murale ne saurait admettre l'illusion des saillies et des creux ; il faut qu'elle respecte le plein du mur par un modelé plat. » Et le peintre peut faire varier la représentation de l'espace selon le système de perspective qu'il adopte : dans le système de la pyramide visuelle exposé par Alberti, il enfante un monde semblable à un édifice vu d'un certain point et habité par des statues à profil unique ; la peinture alors retrouve le plus étroit rapport avec l'architecture et avec la sculpture. Mais cela ne peut empêcher Turner d'inventer une manière de peindre « où le monde est un accord instable de fluides, la forme, une lueur mouvante, tache incertaine dans un univers en fuite ».

*

M. Focillon s'est attaché à montrer avec beaucoup de force que l'on ne peut opposer la forme à la matière, comme le font trop souvent les philosophes. C'est que la matière de l'artiste n'est point la matière nue et que, dans l'atelier de la création, elle a déjà reçu une première forme. Toute matière a une consistance, une couleur et un grain. Et M. Focillon met toute son ingéniosité à nous montrer ces choses sans surface, comme le bois caché derrière l'écorce, le marbre enterré dans la carrière, l'or bloqué dans la pépite, l'argile engloutie dans la terre, qui tout à coup se séparent du chaos, acquièrent un épiderme, accueillent une lumière qui les modèle et qui les anime. « Mais un volume n'est pas le même selon qu'il prend corps dans le marbre ou le bronze, selon qu'il est peint à la détrempe ou à l'huile, car alors la lumière ne change pas seulement les propriétés de la surface », mais encore celles du volume lui-même, en faisant de cette surface l'expression d'une certaine densité.

La lumière jointe à la matière ne suffit pas pourtant à définir la forme. Car c'est l'outil qui doit éveiller la forme dans la matière où elle sommeille ; et M. Focillon nous montre que la technique nous permet d'assister à la construction même des formes. Il propose de donner le nom de *touche* à ce contact de l'outil et de la matière d'où la forme jaillit. Et il n'y a pas de mot qui représente d'une manière plus directe et peut-être plus émouvante cette audace timide avec laquelle l'artiste se porte au-devant des choses en se demandant comment elles vont répondre à son appel : nul ne pourrait désigner plus fidèlement cette suite vivante d'essais interrompus qui marquent les moments successifs de la création aussi bien chez le peintre et chez le sculpteur que chez le musicien et chez l'écrivain. Le propre de chaque touche, c'est d'obliger l'inertie de la matière à une sorte de résonance devant les sollicitations de la main et de l'esprit. Elle est toujours particulière et actuelle ; elle est engagée dans le temps, et liée à un instant unique et évanouissant ; mais elle se fond toujours et semble disparaître, avec toutes les touches qui l'ont précédée ou qui l'ont suivie, dans l'unité intemporelle de la forme qui les ramasse et qui les surpasse toutes.

Mais les formes qui naissent dans l'espace et dans le temps dominent l'espace et le temps, au lieu d'en subir la loi. Ainsi, « l'art dorique, comme site, a créé une Grèce sans laquelle la Grèce de la nature ne serait qu'un lumineux désert ». L'art gothique, comme site, a créé des profils d'horizon, des silhouettes de villes qui ont imprimé leur caractère à certains paysages de notre pays. De plus, on peut dire qu'il y a des formes qui sont un objet de prédilection pour certaines familles d'esprits unis par des liens secrets par-delà les temps et les lieux. Car chaque homme est le contemporain de lui-même et de sa génération, mais il est aussi le contemporain du groupe spirituel dont il fait partie. Cependant, pour échapper décisivement à la fois au temps et à l'espace, il faut peut-être qu'elles atteignent cet état de perfection classique que M. Focillon décrit admirablement comme « une brève minute de pleine possession des formes, un bonheur rapide où le fléau de la balance n'oscille plus que faiblement. Ce que j'attends, ce n'est pas de la voir bientôt de nouveau pencher, encore moins le moment de la fixité absolue, mais, dans le miracle de cette immobilité hésitante, le tremblement léger, imperceptible, qui m'indique qu'elle vit ». On comprend facilement que c'est là une possession qui ne peut pas être continuée, qui se dérobe à l'application des règles, qui est la pointe extrême de l'élan de la vie saisi par la conscience et discipliné par la raison.

11 janvier 1935.

III. L'ART OU LA PASSION DOMINÉE

De toutes les espèces d'activités, l'activité artistique est sans doute la plus mystérieuse : elle est à la fois primitive et raffinée ; et dans ses formes les plus raffinées elle cherche encore à retrouver ses formes les plus primitives. Elle prend naissance dans ce fond ténébreux de l'inspiration qui semble échapper au regard de la conscience et à l'action de la volonté ; et pourtant elle met en jeu toutes les ressources de l'attention, les règles d'une technique sévère, un choix et un contrôle rigoureux de toutes nos idées et de tous nos gestes ; elle ne laisse rien au hasard : et dans l'effort même qu'elle fait pour modeler le réel, elle répand sur lui une lumière nouvelle. Il y a toujours dans l'art un artifice et une illusion, mais dont on n'est jamais dupe ; et par leur moyen il réussit à nous rendre sensible l'essence même des choses, qui se dissimule quand elles sont elles-mêmes sous nos yeux. L'art touche aux frontières du divertissement et même de la frivolité ; et pourtant il y a en lui une gravité qui l'apparente à la religion et qui associe leur destinée. Il est la plus inutile de toutes nos occupations (quelle vanité que la peinture ! dit Pascal) ; et il est vrai qu'il se corrompt dès que la moindre pensée d'utilité le dirige ou s'y ajoute ; mais l'artiste lui sacrifie les occupations les plus sérieuses, et dans la contemplation de l'œuvre réalisée, tous les besoins sont oubliés, tous les vœux de la conscience dépassés et comblés. Enfin, l'œuvre d'art est toujours une création unique et personnelle ; elle est même d'autant plus grande qu'elle porte la marque d'une originalité plus profonde, plus secrète et plus inimitable ; et c'est alors pourtant qu'elle produit entre tous les hommes la communion la plus sincère et la plus émouvante.

Mais si le problème de l'art soulève tant de difficultés, c'est sans doute parce que l'art est presque toujours considéré dans le spectacle qu'il nous montre plutôt que dans l'acte qui l'a fait naître. On ne doit pas s'étonner alors qu'une sensibilité passive se contente de lui demander un plaisir complaisant et facile, qui ressemble à une sorte de caresse immatérielle. Mais c'est toujours juger des choses superficiellement que de vouloir les estimer d'après l'intensité ou la qualité du plaisir qu'elles nous donnent : leur essence se refuse toujours à celui qui ne cherche qu'à en jouir ; et ces plaisirs un peu mous que l'on nomme esthétiques sont inconnus de celui qui les prodigue aux autres. Ce que l'on trouve au contraire chez l'artiste, c'est une activité tendue et incertaine, pleine d'espoir et de crainte, de douleur et d'anxiété, qui ne cesse d'osciller entre une aspiration toujours impérieuse et obscure, qui le tourmente et le soutient, et une matière rebelle où il cherche à l'incarner et hors de laquelle il ne parviendrait jamais à la saisir. Jusque dans la joie de la victoire il retrouve la gravité de l'effort douloureux par lequel elle a été obtenue et qui lui semble encore nécessaire pour la maintenir.

Dès lors, on peut se demander si l'activité artistique, au lieu de nous paraître exceptionnelle et de contredire notre activité normale, à laquelle nous cherchons vainement à la réduire, ne servirait pas plutôt à l'éclairer en nous la montrant pour ainsi dire à l'état pur. Car elle est créatrice ; mais elle met l'acte créateur au niveau de notre humanité ; et elle crée une nature nouvelle, que l'on peut bien appeler illusoire, mais qui en se dégageant de la véritable en dégage le sens que l'autre nous empêchait de voir. Elle nous donne du réel une possession essentielle et désintéressée qui achève la perception, outrepasse une utilité toujours accidentelle, et projette devant nous comme un objet éternel de contemplation l'opération subjective et temporelle qui à chaque instant nous donne l'être à nous-même. Dès lors, il n'y aurait point d'activité proprement esthétique : et l'on pourrait présumer, comme il est vrai, que toute forme d'activité doit devenir nécessairement esthétique lorsqu'elle atteint ce dernier point où, cessant de chercher une fin hors d'elle-même, elle parvient à se suffire dans la création d'une image qui la représente.

*

DEUXIÈME PARTIE

Parmi les livres qui ont été consacrés à l'art dans ces dernières années, il n'en est point qui puissent solliciter davantage la curiosité, stimuler autant l'attention et la réflexion, que le *Système des beaux-arts* publié par Alain pour la première fois en 1920 et réimprimé depuis avec quelques additions (N.R.F.), et les *Vingt leçons sur les beaux-arts* (N.R.F.) dans lesquelles il vient d'explorer à nouveau ce vaste domaine, reprenant, confirmant et multipliant avec une infatigable jeunesse les observations si directes et si aiguës qui remplissaient déjà le premier ouvrage. Tout le monde sait qu'Alain est le nom de polémiste qu'avait adopté M. Emile Chartier quand il inaugura au *Journal de Rouen* la série de ses *Propos*, c'est-à-dire de ces courts articles dans lesquels il associait à quelque événement actuel une méditation sur un thème éternel, et dont il a réussi à faire un nouveau genre littéraire. Le *Propos* ressemble à l'Essai, mais il est plus court. Il mesure pour ainsi dire la durée de la réflexion quand elle se poursuit d'une seule haleine. Mais le terme même demande à être expliqué. L'auteur en effet nous *propose* la vue qu'il a des choses et le jugement qu'il porte sur elles : et si l'affirmation est péremptoire, c'est qu'elle est proposée et non point imposée. Au lecteur de l'essayer, de la faire sienne s'il le peut, ou de la réformer s'il échoue. On ne tentera pas de surprendre son assentiment par les moyens du lyrisme ou de l'éloquence, parce que l'action exercée sur le corps y demeure encore trop vive. On renoncera même au raisonnement, qui appartient lui-même à la rhétorique. On n'entend compter pour le convaincre que sur la présentation de la vérité toute nue. On ne s'engagera donc dans aucune de ces discussions qui brouillent tout ; quand il craint d'y être entraîné, « tout homme digne de ce nom s'écarte et s'en va ». De là peut-être ce style systématiquement rompu que certains ont reproché à Alain, et qui est pour lui le véritable idéal de la prose, parce qu'il est le seul qui, en délivrant l'esprit des chaînes de la période et du rythme, laisse à l'attention toute sa liberté et lui permet de « toujours s'arrêter et de toujours revenir ».

Au milieu de tant de remarques incisives ou paradoxales, Alain ne prétend à aucune originalité : il s'en méfierait plutôt comme d'une faiblesse. On trouve chez lui un éloge des lieux communs, bien qu'il pense que leur vérité est cachée et qu'il faut beaucoup de pénétration et de profondeur pour la découvrir. Sa pensée vise toujours l'abstrait et l'universel, comme celle des classiques. Il reconnaît le seul Descartes pour maître. Comme lui il ne voit dans la passion qu'un tumulte du corps qui nous réduit à l'animalité : tout l'effort de la volonté et de la raison, c'est-à-dire de l'homme, doit être de le dominer. Or, l'art est un moyen héroïque d'y parvenir. Il suppose le délire corporel, mais il se charge de l'apaiser. Et Alain ne craint point d'invoquer le témoignage d'Aristote lui-même, pour qui le rôle de la tragédie était déjà de nous délivrer des passions. La même affirmation est vraie de tous les arts. Et c'est parce que l'art n'exprime pas du tout la passion vécue, mais la passion vaincue, que « le beau a deux aspects, la puissance et la paix ».

Entre l'art et la passion l'imagination est médiatrice. Car elle prolonge la passion et cherche à lui donner un objet. Mais c'est une folle incapable de se gouverner elle-même et que la peur et la colère ne cessent d'affoler encore. Pourtant chacun de nous tend à se détourner du monde réel qui fournit à notre pensée une résistance en même temps qu'un appui, où les choses ont des contours que l'on peut définir, des distances que l'on peut mesurer, pour se réfugier dans ce monde plus secret et plus complaisant où toutes nos émotions semblent trouver aussitôt un objet sur lequel elles se posent et qui suffit à les justifier. Seulement c'est se tromper gravement sur l'imagination que de croire qu'elle forme un monde distinct semblable à celui que nous avons sous les yeux et qui possède une existence réelle au-dedans de nous. Car toute image est indéterminée ; elle n'a point de frontières ; elle n'occupe aucun lieu ; on ne peut en décrire le moindre détail, du moins si l'on oublie ce que l'on sait pour concentrer l'attention sur ce que l'on pense voir ; et on le vérifie sans peine si on essaie de compter les colonnes du Panthéon sur l'image la plus précise que l'on réussit à s'en faire. L'image est multiforme parce qu'elle est informe, elle est impossible à saisir comme Protée. On peut dire qu'elle n'est pas, mais qu'elle demande à être. Nous ne pouvons espérer en prendre possession que par le geste qui commence à la dessiner. Ainsi c'est parce que l'imagination ne peut pas se réaliser comme une création de l'esprit pur que les beaux-arts ont pris naissance. Chacun d'eux à sa manière enchaîne Protée.

On ne peut donc pas imaginer sans faire. Mais dès que l'exécution commence, la pensée cesse d'être vagabonde, l'imagination reçoit une discipline, la passion est retenue et dominée. Seulement, si on ne parvient à s'emparer de l'image que dans la trace même que notre action laisse sur la matière, c'est avec la matière elle-même qu'il faudra désormais compter ; elle nous impose sa loi plus encore que nous ne lui imposons la nôtre ; elle donne à tous nos rêves la densité et la pesanteur qui jusque-là leur manquaient ; elle les charge de réalité. Que l'on ne croie pas surtout qu'un modèle préexistait en nous dont l'œuvre matérielle est une sorte de copie. Le modèle, ce sera l'œuvre même une fois qu'elle sera achevée. Nous disons bien qu'elle prend forme au cours de l'exécution ; mais c'est qu'auparavant elle n'en avait point. A chaque nouveau geste du corps, à chaque nouveau mouvement de l'outil, elle se précise, elle s'enrichit et sort pour ainsi dire du néant devant l'artiste tremblant et étonné : celui-ci ne fait jamais rien de plus que de solliciter la matière, qui lui répond comme elle l'entend ; presque toujours elle déçoit son attente, mais parfois aussi elle la surpasse. Ainsi, c'est quand l'artiste devient artisan qu'il commence à inventer. L'art, dit Alain, « permet un entretien avec son propre génie par le langage d'un certain métier ». Et il n'est pas téméraire de penser qu'à travers l'œuvre d'art, comme à travers la moindre de nos actions, c'est notre propre vie qui ne cesse de se chercher et de se modeler elle-même.

*

On peut distinguer parmi les différents arts ceux qui changent seulement l'état du corps humain par les inflexions du geste ou de la voix, comme la danse, la musique et la poésie ; et ceux qui changent l'état d'un objet extérieur au corps, et qui sont tous les arts plastiques : l'architecture, la sculpture, la peinture et le dessin. Dans le premier groupe, retenons la seule musique, puisqu'on lui reproche souvent d'ébranler les passions, sans consentir à reconnaître toujours que c'est pour les apaiser. En effet, tous les mouvements du corps, par exemple ceux de la danse, prennent encore place parmi les objets visibles, tandis que la voix traduit le sentiment pur. Mais c'est justement parce qu'elle est infiniment flexible aux passions que la musique les modère en les soumettant elle-même à la loi du rythme. « Tout son musical est un cri gouverné. » La musique cherche naturellement le soutien de l'instrument, ce qui a créé l'orchestre, ou celui de la voix d'autrui, ce qui a créé les chœurs. Ici, la passion se purifie et se transfigure dans un monde nouveau qui doit son existence à la musique toute seule. Ainsi, on peut aller jusqu'à dire de la musique qu'elle fait naître un genre de sentiments qui ne serait pas sans elle ; car, « par sa puissance, elle abolit tout autre objet qu'elle-même ».

Entre les arts du corps et les arts de l'objet, Alain nous montre des intermédiaires dans les cérémonies et les fêtes. Elles rassemblent en elles la danse, la musique et la poésie. Mais ce sont des arts collectifs où les mouvements de chacun sont réglés par les mouvements de tous, où une contrainte acceptée, faite de tradition et de politesse, règne sur les corps et gouverne les émotions. Chacun y est acteur et spectateur à la fois. Or, ce sont elles qui dessinent par avance tous les chemins que trace l'architecture dans les édifices de pierre. Car le monument n'est pas immobile comme il le paraît. « Il s'ouvre si l'on marche et se ferme si l'on s'arrête. » Il y a en lui une multiplicité de perspectives qui « prennent de la profondeur par notre mouvement ». Et dans la lutte qu'elle soutient contre la pesanteur, l'architecture offre une parenté avec l'art des jardins qui, par la disposition des arbres et des fleurs, par le tracé des allées, des terrasses ou des escaliers, donne un rythme à notre promenade et à notre repos. Le monument et le jardin sont le moule en creux de tous nos mouvements.

Mais c'est dans l'étude de la sculpture et de la peinture que l'on découvrira le mieux la véritable essence de l'art. Car ce sont les arts de l'immobilité. Le sommet de la sculpture est dans la représentation du corps d'un homme nu et le sommet de la peinture est dans la représentation d'un visage humain. Les analyses d'Alain nous montrent bien en elles la passion purifiée ; mais pour la purifier il faut que ces deux arts nous arrachent au temps et à l'événement, et qu'ils dénouent et achèvent l'action en contemplation pure. Or, l'immobilité est supérieure au mouvement, mais à condition qu'elle rassemble pour ainsi dire en elle une infinité de mouvements esquissés et retenus. « Le mouvement ne donne pas beaucoup à penser. » Mais voyez la statue. Elle ne peut représenter qu'une seule attitude ; si c'est une attitude particulière et momentanée, un mouvement qui doit retourner bientôt au repos, elle a vite fait de nous lasser et de nous irriter. Cet homme nu qui est capable de tant de mouvements limite sa puissance s'il fait montre d'en accomplir un seul. Le voilà donc replié et ramassé sur lui-même, sans yeux et par conséquent sans rapport avec nous, silencieux et solitaire, reposant en soi, comme un être « sans projet, ni entreprise, ni désir, qui persévère et qui tient ». Les statues nous montrent dans un être ce qu'il est plutôt que ce qu'il fait. Leur action est action de présence. Toute statue est un dieu.

Comme la statue représente la pensée, la couleur exprime le sentiment. Aussi la sculpture est-elle métaphysique et la peinture psychologique : celle-ci tend toujours vers le portrait. Elle est l'art de l'apparence pure. Mais elle ne cherche pas à faire illusion, comme le cadre le prouve. Un visage peint possède toujours un caractère de spiritualité. Et il y a une curieuse correspondance entre la manière dont l'artiste l'obtient par une série de touches successives qui s'ajoutent, se modifient et s'incrustent peu à peu dans cette pâte durcie qui recouvre la toile, et la manière dont la nature a obtenu l'original par une suite d'expériences accumulées qui ont modelé progressivement ce visage et ont laissé en lui toutes leurs traces sans qu'aucune aujourd'hui puisse être isolée. Ainsi un bon portrait condense en lui toutes les expressions, toutes les attitudes que l'on aurait pu observer dans le visage réel, mais il n'en représente aucune. C'est lui qui constitue le véritable modèle : c'est par lui qu'on arrive à connaître l'homme même. Et il doit suffire à nous contenter sans qu'on ait besoin de le comparer au vivant qui lui ressemblait. A l'inverse de la statue, le portrait tient tout entier dans le regard qui croise le nôtre et nous répond ; par là le portrait fait société avec nous ; il ne cesse, en se fixant sur nous, de marquer avec nous ses relations éternelles.

Ainsi, sous toutes ses formes, l'art tend à abolir le pur événement et par conséquent la passion qui en est toujours inséparable. Il ne se borne pas à calmer nos fureurs en les soumettant à la puissance de l'esprit par une opération qui rend belle l'œuvre réalisée et sublime la volonté qui a osé l'entreprendre. En emprisonnant un acte intérieur dans une forme sensible, il le délivre. Il comble le désir. Il nous donne du réel une possession actuelle que le temps renouvelle sans jamais l'user. Il réconcilie l'esprit avec le corps, l'inspiration avec le métier et la grâce avec la nature. Il cherche à atteindre ce point de coïncidence mystérieux entre le monde et nous, où le monde n'est plus qu'une pensée accomplie et la pensée un monde en train d'éclore. Il abolit toute distinction entre l'acte et le spectacle : l'acte c'est le spectacle qui naît, et le spectacle c'est l'acte contemplé. Il nous enseigne, comme la vie elle-même, à triompher du destin par une victoire qui nous coûte beaucoup d'efforts et de douleur, mais qui nous redonne la paix de l'âme en nous montrant, à travers l'apparence qui nous déçoit et la matière qui nous résiste, une présence spirituelle qui ne manque jamais de nous répondre, pourvu que notre liberté s'exerce et commence à la solliciter.

1ᵉʳ octobre 1933.

IV. L'INTUITION ESTHÉTIQUE

De tous les philosophes de l'Italie contemporaine, c'est Croce qui a exercé avec Gentile l'influence la plus étendue. Ces deux penseurs ont été liés par une longue amitié. En 1902, Croce avait fondé avec la collaboration de Gentile la *Critica* qu'il dirige seul, depuis que des dissentiments politiques les ont séparés. Le mouvement intellectuel qu'ils ont créé est défini en général comme un néo-hégélianisme : mais, s'ils ont subi tous les deux l'influence de Hegel, ils le contredisent l'un et l'autre sur plus d'un point ; l'atmosphère de leur pensée est hégélienne, bien que cette pensée garde une pleine liberté et revendique à juste titre l'originalité. Croce en particulier prolonge de Sanctis et Vico plus directement encore que Hegel. Et si Gentile s'attache surtout à saisir l'essence de l'esprit dans l'acte intellectuel, la marque propre de Croce c'est de chercher à l'atteindre d'abord dans l'intuition esthétique.

Aussi faut-il être reconnaissant à M. Jean Lameere de nous présenter aujourd'hui un tableau d'ensemble de *l'Esthétique de Benedetto Croce* (Vrin). Il nous montre avec beaucoup de précision comment elle s'accorde fidèlement avec les autres aspects de la doctrine, dont elle nous révèle peut-être, mieux qu'aucun autre, l'inspiration fondamentale. On sent qu'il éprouve pour son auteur la sympathie la plus vive, et on peut lui appliquer ce qu'il nous suggère à propos des sources mêmes de Croce : c'est que l'action qu'un esprit exerce sur un autre esprit est choisie plutôt que subie, qu'elle est vivifiante plutôt que contraignante, qu'elle excite notre pensée au lieu de l'amortir et, comme on le voit par son exemple, qu'elle laisse intacte notre liberté critique, et qu'elle doit seconder notre puissance d'invention, mais non point la détruire.

On trouve chez Croce une classification des différentes activités de l'esprit dessinée avec beaucoup de simplicité et de vigueur. Il distingue d'abord une activité théorique et une activité pratique, selon que l'esprit cherche à connaître ou à agir. L'activité théorique comporte à son tour deux moments : le moment intuitif quand elle vise le singulier, le moment conceptuel quand elle vise l'universel. Parallèlement, il faut reconnaître dans l'activité pratique le moment économique où elle prend une forme particulière et utilitaire, et le moment moral où elle prend une forme universelle et désintéressée. Or le propre de Croce, c'est de soutenir que l'activité esthétique est elle-même une activité théorique, de telle sorte que l'art est une connaissance ; ce qui nous oblige à rejeter toutes les thèses qui entendent le subordonner soit au plaisir soit à la valeur. De plus, dans l'activité théorique, l'art appartient au moment intuitif et non point au moment conceptuel, ce qui nous oblige à rejeter toutes les thèses qui entendent le subordonner à l'idée et le considérer par exemple comme une connaissance logique, imparfaite ou enveloppée. Enfin, puisque chacun de ces moments est indépendant de celui qui le suit et lui fournit sa matière, l'art qui appartient au premier moment de l'activité théorique possède donc une spécificité et une autonomie absolues : il ne peut être question de le réduire à une autre fonction de l'esprit ni de l'en dériver.

Il existe pourtant une parenté entre l'art et l'histoire puisqu'il a comme elle l'individuel pour objet. Aussi est-il facile de comprendre que la poésie, comme le voulait Vico, ait été l'histoire primitive. L'art et l'histoire sont deux formes de l'activité de l'esprit qui demeurent toujours engagées l'une dans l'autre jusqu'à un certain point, bien qu'elles se soient séparées peu à peu. Seulement l'histoire exige que l'objet de son intuition ait existé. Au contraire, l'art ne nous donne l'image que d'un objet possible : ainsi il nous montre l'intuition à l'œuvre d'une manière plus parfaite et plus pure et, pour ainsi dire, dans sa vertu créatrice.

Mais on ne comprendrait pas la conception crocienne de l'intuition si on oubliait que Croce est idéaliste : or, dans l'idéalisme, la connaissance n'est jamais l'image d'un objet posé d'abord, puisque c'est au contraire l'activité de l'esprit, qui, en connaissant, engendre l'objet connu ; et, d'autre part, l'intuition dans la même doctrine ne suffit jamais à poser l'existence, comme le montre l'exemple du rêve ; il y faut encore une démarche de la pensée logique qui est étrangère à l'intuition comme telle.

Le caractère propre de l'art, c'est d'abord de faire apparaître une situation spirituelle originale. Ainsi, on ne peut pas dire qu'il existe des choses belles par elles-mêmes indépendamment de leur rapport à la vision qui les appréhende, pas plus qu'il n'existe de choses utiles par elles-mêmes indépendamment du besoin qu'elles satisfont. « Ni la voix, ni les sons, ni les signes de la peinture, de la sculpture, de l'architecture ne sont des œuvres d'art. Celles-ci n'existent nulle part ailleurs que dans les esprits qui les créent. » Cela suffit à expliquer pourquoi les mêmes choses donnent ou ne donnent pas d'émotion esthétique selon l'attitude intérieure de celui qui les contemple. C'est cette attitude qu'il s'agit de produire : ce qui permet à Croce d'abolir toute distinction entre le génie et le goût, de mettre l'amateur au niveau de l'artiste, et de soutenir que seul est capable de juger Dante celui qui est capable de s'élever à sa hauteur. Non point que l'on puisse tirer de là, comme on le fait souvent, cette conséquence que l'art est seulement l'expression de la personnalité : cela est vrai sans doute, mais l'activité artistique n'a sur ce point aucun privilège par rapport à l'activité morale ou à l'activité scientifique. De plus, on tend ainsi à nous faire oublier que l'art est d'abord une connaissance. Prenons les personnages de Dante : l'art leur donne une vie dans l'imagination qui est, il est vrai, sans rapport avec leur existence réelle, mais une vie sur laquelle le temps n'a plus de prise et que doivent saisir de la même manière tous ceux qui peuvent accomplir l'acte intérieur dont cette vie elle-même dépend. En ce sens, l'art qui nous montre des choses singulières et qui reste indifférent à leur existence historique ne fait qu'un avec l'acte qui les rend présentes à notre intuition : et il n'y a pas de différence entre dire qu'elles sont belles et dire qu'elles sont.

Mais la forme de réalité qui leur appartient est à la fois concrète et irréductible : c'est dire qu'elle ne peut pas être définie par le concept. « En tant que peintre, il m'importe peu de savoir que les taches de couleur que j'ai sous les yeux en ce moment, que ces indéfinissables nuances de rose, de vert et de blanc où se joue la lumière puisssent se ranger sous les concepts de fleurs, et plus précisément de roses et de vase. Il m'importe peu que je puisse les nommer des roses dans un vase. » Ces roses sont-elles réelles ? Oui, sans doute, sans qu'il soit nécessaire que je puisse énoncer ce qu'elles sont. La représentation artistique répugne de tout son être à l'abstraction et même elle l'ignore : elle est une connaissance « aurorale », qui précisément pour cela est toujours inséparable d'une création ou d'une genèse. Et il y a en elle une innocence retrouvée dont le concept consomme la perte. Elle est le mouvement même de l'esprit, mais saisi à l'instant où il s'arrête et où en devenant un objet de contemplation pure il nous permet de rencontrer l'essence individuelle des choses.

On observe dans l'intuition esthétique une alliance singulièrement étroite entre le sentiment et l'image. Et même on peut dire qu'elle ne se produit qu'au moment où « le sentiment est tout entier converti en image ». Nous nous trouvons ici en présence d'une incarnation véritable où l'on voit le sentiment prendre corps afin de pouvoir être contemplé. Alors seulement le trouble qui en est toujours inséparable se trouve apaisé et surmonté et nous parvenons à saisir pour ainsi dire « la pure palpitation de la vie dans son idéalité ».

Cependant ce sentiment à son tour ne peut pas être confondu avec celui qu'éprouve l'artiste au cours de sa vie réelle, bien qu'il ne soit pas sans rapport avec lui : celui-ci reste dépouillé de toute valeur esthétique, tant qu'il n'est pas transposé et transfiguré. En disant qu'il n'est pas nécessaire que le sentiment corresponde à des actes qui ont été réellement accomplis, ni à des états qui ont été réellement éprouvés, nous retrouvons une fois de plus l'indifférence de l'intuition artistique à l'égard de l'existence de son objet. De plus, l'art ne commence qu'au moment où le sentiment cesse de nous entraîner, où nous en obtenons la maîtrise et la possession. Voyez comment le poète représente Andromaque en présence d'Enée : *amens, diriguit visu in medio, labitur, longo vix tandem tempore fatur* et, en parlant, *longos ciebat incassum fletus.* « Mais lui, le poète, il ne délire pas, il ne se pétrifie pas à la vue de son personnage, il ne chancelle pas, il ne perd pas la voix, il ne se répand pas en lamentations, il s'exprime en vers harmonieux, ayant fait de toutes ses émotions l'objet de son poème. »

Etre poète, en effet, c'est avoir l'intuition de l'acte intérieur par lequel les choses sont. C'est trouver une expression qui est inséparable de cette intuition même et qui lui permette de renaître toujours. Or, la douleur d'Andromaque est encore une douleur historique tant que l'imagination du poète ne s'en est pas emparée pour en faire un objet éternel. Mais l'intuition qu'il en a ne peut point être séparée de l'expression qu'il en donne. Le langage est donc une création spirituelle, qui ne fait qu'un avec l'exercice même de la pensée. « Les muets s'expriment par des gestes ou par d'autres signes matériels qui ont des rapports naturels avec les idées qu'ils veulent faire entendre. » Et le langage poétique ne diffère pas du langage commun. Il nous en révèle l'essence véritable. Tous les traits dont il use sont destinés à évoquer les propriétés réelles des choses. Dès lors, « le mot est déjà une forme littéraire à la manière dont une cellule est déjà un être vivant ». Il n'est donc point, comme on le croit trop souvent, un signe abstrait que l'on pourrait à volonté remplacer par un autre. Il n'y a dans une langue ni homonymes ni synonymes : toute langue est intraduisible, ou, ce qui revient au même, toute traduction est une œuvre originale. On dit parfois que par un long usage les mots ont une tendance à s'affaiblir. Mais, comment faut-il l'entendre ? Quand ils paraissent usés, c'est notre esprit qui s'en est retiré et qui n'accomplit plus l'acte intérieur destiné à évoquer les choses qu'ils représentent. Mais le génie du poète est toujours capable de les régénérer, de leur restituer l'âme qui paraissait leur manquer, de leur donner une nouvelle jeunesse par laquelle ils nous découvrent le réel tel qu'il est, c'est-à-dire comme si nous le voyions pour la première fois.

Nul n'a insisté avec plus de force que Croce sur le caractère indissoluble de l'intuition et de l'expression. Aussi peut-il dire que toute expression est art, que le fond et la forme sont identiques et d'une manière plus radicale encore que la linguistique et l'esthétique se confondent. Au moment où la moindre séparation se produit entre l'acte intérieur et la forme dans laquelle il s'incarne, l'art s'évanouit : c'est pour cela que l'œuvre d'art demeure toujours purement individuelle et irrecommençable : elle meurt dans la copie et dans toutes les imitations que les écoles ne cessent de produire.

Cependant, comme l'a fort bien noté M. Lameere, c'est ici que se trouve la difficulté essentielle du système de Croce et peut-être même une contradiction qu'il est impossible de surmonter. N'oublions pas en effet que Croce tient par-dessus tout à maintenir le caractère théorique de l'intuition esthétique ; et il a pour cela de bonnes raisons : car c'est par là qu'il sauvegarde son autonomie ; il voit bien qu'elle se corrompt dès qu'il s'y mêle la moindre préoccupation utilitaire ou morale. L'essence de l'art est exclusivement contemplative : en lui, c'est l'esprit même qui se regarde comme dans un miroir. « L'homme devant la beauté naturelle est proprement Narcisse à la fontaine. » Dès lors, puisque l'expression ne peut pas être séparée de l'intuition, on est contraint de dire qu'elle appartient elle-même à l'activité théorique et que, si elle s'extériorise, c'est en changeant de domaine et en faisant appel à l'activité pratique. Aussi faut-il approuver sans doute ce qu'on a dit de Raphaël « qu'il eût été un grand peintre, même s'il n'avait pas eu de mains » ; ajouter qu'il n'aurait pas pourtant été un grand peintre s'il n'avait pas eu le sentiment du dessin, c'est laisser encore entendre que ce sentiment aurait pu lui suffire, même s'il n'avait jamais dessiné.

Là est précisément le problème. Croce refuse d'accorder à la technique un rôle, si minime qu'il soit, dans la création artistique. Au moment en effet où l'artiste essaie de réaliser cette œuvre visible dans laquelle son intuition commence à se matérialiser, il cesse d'être un artiste et devient un homme d'action : et il faut déjà qu'il ait recours à une activité conceptuelle qui vient s'ajouter à l'activité purement esthétique. Or le propre de l'œuvre d'art, c'est seulement de fixer l'intuition, de permettre à celui qui la contemple de retrouver l'acte créateur qui lui a donné naissance ; elle soutient la mémoire de l'artiste en lui permettant de conserver et de reproduire cet acte spirituel ; et grâce à elle, il peut le communiquer à ses semblables.

Toute la question est de savoir si cette matérialisation n'est pas nécessaire à l'intuition elle-même pour qu'elle se réalise déjà dans notre propre esprit. On nous dit que l'expression est essentielle à l'intuition, mais que cette expression elle aussi est intérieure. Or n'est-il pas contradictoire qu'une expression ne soit qu'intérieure ? Il y a, il est vrai, un langage qui n'a pas besoin de monter jusqu'aux lèvres : mais c'est déjà un langage parlé dont la manifestation est seulement adoucie et retenue. Il est à craindre que l'intuition, avant d'avoir pris un corps matériel, ne soit qu'une ébauche, qu'un essai, qu'une espérance ; la victoire qu'elle doit remporter sur la matière est une épreuve qui lui est imposée afin qu'elle puisse prendre possession d'elle-même. Cette action qui la met en rapport avec les choses enrichit la conscience qui l'accomplit et qui, en l'accomplissant, reçoit autant qu'elle donne. Le propre de l'intuition esthétique, c'est de spiritualiser la réalité, mais elle n'y parvient qu'au point de rencontre d'une activité théorique qui forme l'intuition et de l'activité pratique qui la met en œuvre, au point où l'image sort enfin des limbes de la possibilité, où nous pénétrons le secret de la création en en devenant nous-même l'ouvrier. Et c'est seulement quand, après mille résistances vaincues, l'esprit obtient une exacte coïncidence entre son vœu et le spectacle qu'il s'est donné, qu'il atteint l'intuition proprement esthétique, où il connaît cette joie purement contemplative de voir que les choses sont précisément ce qu'elles sont.

30 septembre 1936.

V. LA GRÂCE ET LA BEAUTÉ

M. Raymond Bayer vient de consacrer à l'*Esthétique de la grâce* (Alcan) deux gros volumes qui forment plus de douze cents pages ; dans un second ouvrage sur *Léonard de Vinci* (Alcan) il essaie de surprendre les rapports mystérieux de la grâce et de la beauté à travers un exemple privilégié. On ne fera point un grief trop grave à M. Bayer de s'être un peu appesanti sur un objet si fragile qu'on risque de l'abolir dès qu'on cherche à l'appréhender, ni d'avoir pensé que l'on pouvait capter son essence mobile et impalpable dans certaines formules abstraites, qui trop souvent la laissent passer au lieu de la retenir, ni même d'avoir eu une excessive confiance dans l'art d'écrire et d'avoir parlé d'une grâce « capiteuse » ou « adamantine » là où il suffisait de reconnaître l'impuissance du langage à la définir. On lui sera reconnaissant d'avoir mis à notre service une information et des lectures qui sont très étendues, une faculté d'analyse capable de suivre toutes les inflexions de la grâce à travers les arts les plus différents, un don de suggestion qui nous permet de nous associer à tous les mouvements qu'il décrit et nous invite parfois à le quitter pour retrouver dans notre propre vie intérieure

DEUXIÈME PARTIE

leur impulsion primitive et leur courbe originale.

Il n'y a point de mot qui ait des sens aussi variés que le mot grâce, ni des sens qui résistent aussi décisivement à l'effort de l'intelligence pour les définir, et qui offrent une gamme plus continue : dans chacun d'eux, la conscience voit fondre peu à peu tous les obstacles qui l'isolaient du monde, pour découvrir autour d'elle et en elle une puissance prévenante accordée avec ses désirs les plus secrets et qui ne cesse de l'illuminer et de la porter. Toute grâce est une faveur que nous recevons, qui devance toutes nos demandes et surpasse tous nos efforts et qui est toujours gratuite et inespérée. La grâce est toujours bonne grâce ; et faire une chose de mauvaise grâce, c'est la faire sans grâce, c'est-à-dire malgré soi et avec peine, comme un homme privé de joie et d'amour. Je dis que les choses qui m'entourent ont de la grâce lorsqu'elles montrent à mon égard une sorte de sympathie et de complicité. « J'allais faire ce geste qui me réalise, et voilà que les choses le font à ma place. » Le criminel qui se croyait perdu et qui reçoit sa grâce se sent tout à coup arraché à son destin par l'action d'une puissance supérieure, qui sert son désir de vivre au moment même où il était sur le point d'être brisé. Et Dieu est le seul être qui ne puisse jamais agir que par grâce, qui apporte sans cesse à toute créature le secours miraculeux dont elle a besoin, qui la délivre des servitudes de l'instinct et des tribulations de la volonté, et qui fait pénétrer en elle une force surnaturelle à laquelle il lui suffit désormais de consentir. Mais la grâce qui réside dans les choses et celle que nous recevons tous les jours des autres hommes ou de Dieu sont des dons si parfaits et qui réalisent une harmonie si juste entre nos aspirations et notre vie que nous ne pouvons les reconnaître sans éprouver de la reconnaissance ou, comme on le dit, sans en rendre grâce.

On ne s'étonnera donc pas que la beauté soit elle-même une grâce, puisqu'elle témoigne toujours d'une admirable rencontre entre les œuvres de la nature ou de l'art et nos exigences spirituelles. Mais comme la beauté n'est pas toute la grâce, la grâce non plus n'est pas toute la beauté. Car la grâce relève de l'activité, à laquelle elle donne une perfection aisée où tout effort a disparu, où tout dessein est oublié et en même temps dépassé, tandis que dans la beauté l'action le cède à la contemplation ; elle nous montre moins une perfection qui se réalise qu'une perfection réalisée ; celle-ci peut

77

garder un caractère abstrait et même sévère ; elle nous hausse jusqu'à son niveau, comme on le voit dans l'admiration, au lieu de descendre jusqu'au nôtre, comme la grâce, et de paraître épouser la forme même de notre faiblesse. C'est la raison sans doute pour laquelle la grâce apparaît parfois comme un degré seulement de la beauté, ainsi qu'on le voit dans l'emploi du mot « gracieux » pour désigner certains objets menus dont le charme est accessible à tous. Mais jusque dans cet usage restrictif le mot grâce garde son accent ; il sert à témoigner qu'il n'y a point de chose si humble, d'action si frivole que la grâce ne puisse pénétrer et rendre perméables à notre activité spirituelle.

*

La grâce est d'abord une aisance dans les mouvements, et c'est pour cela que Spencer la définit comme une « économie de force ». Mais elle ne se confond pas avec l'aisance, comme on le voit quand elle se perd dans la facilité. Elle est la révélation d'un pouvoir qui ne se montre pas quand l'obstacle manque, mais qui, au lieu de surmonter l'obstacle par un effort, se le concilie : l'extrémité d'un pouvoir apparaît toujours quand il vainc par sa seule présence sans avoir à combattre. La grâce d'un mouvement qui s'accomplit est faite de tous les mouvements qu'il suggère. Elle rend la liberté visible, une liberté qui à chaque instant produit l'action la plus juste et la plus parfaite, mais qui contient la possibilité d'une infinité d'actions différentes qu'elle produirait aussi s'il le fallait, mais toujours par jeu et presque sans y penser. Ainsi Alain a raison de dire que « l'aisance affirme plus et donne moins ». Et l'on peut dire que l'aisance est parfois au-dessous de l'effort, mais que la grâce est toujours au-dessus.

C'est pour cela qu'elle n'a besoin du mouvement que pour traduire la virtualité, et qu'elle s'exprime tantôt par un mouvement si simple et si naturel qu'il ressemble à une pose, tantôt par cette immobilité flexible qui n'est qu'un mouvement retenu ou déjà commencé. Par opposition à la beauté, la grâce réalise un équilibre de l'instable, comme on le voit dans la courbe qui ne se soulève que pour s'abaisser, dans cette fusion du mouvement et du repos où le mouvement n'est qu'un repos abandonné et retrouvé, le repos un mouvement plus complexe qui n'est point encore divisé. Ainsi, la grâce réside dans la forme, mais il faut que cette forme soit un mouvement

DEUXIÈME PARTIE

suspendu et toujours prêt à renaître, en variant indéfiniment, sans jamais l'anéantir, cette forme même qu'il supporte et qui l'exprime. La grâce nous découvre à travers le sensible la présence d'un pur pouvoir qui dispose librement de ce sensible même, qui s'exerce toujours avec une entière gratuité, qui triomphe de toutes les servitudes de l'utilité et de l'effort et qui, dans son indivisible unité, enferme une infinité de mouvements inattendus et inespérés. « Le symbole de la grâce, ce n'est pas la marche, c'est la danse. »

La grâce est inséparable du temps, puisqu'elle l'est du mouvement. Mais de même que dans le mouvement elle nous rend attentif à l'inflexion de sa courbe plutôt qu'aux étapes de son parcours, elle ne nous introduit dans le temps que pour nous en délivrer et nous permettre de l'oublier. Elle abolit toutes les saccades, toutes les intermittences qui créent pour nous une rupture entre les instants de la succession. Elle ne procède jamais par rapprochement de segments juxtaposés ; elle nous ramène toujours vers un principe qui engage ses effets dans le temps sans aliéner jamais sa propre unité. On dit parfois qu'elle réside dans un pur passage ; mais c'est parce que tout passage est la marque d'une puissance qui se pose sur l'événement sans s'y asservir, qui ne nous le montre que pour l'anéantir, qui l'enveloppe dans une atmosphère spirituelle où sa substance se dissout, où il ne reste de lui qu'un appel et une réponse à un désir qui sans lui n'aurait pas pu naître. La grâce rétablit partout l'unité perdue ; elle nous découvre partout quelque harmonie cachée : car elle associe et fusionne notre activité intermittente et mutilée avec l'activité omniprésente et invisible qui mène toutes choses vers leur éclosion.

C'est pour cela aussi que la grâce ressemble toujours à une naissance. Elle ne paraît si naturelle que parce que, ce qu'elle nous montre, c'est la flexion caractéristique de chaque être dans la totalité du réel et, pour ainsi dire, le pas éternel par lequel il entre dans la vie. Mais il faut qu'elle les retrouve derrière tous les artifices de l'amour-propre et du calcul. L'attention et la réflexion la détruisent. Il y a en elle la simplicité de l'innocence ; et la conscience même que j'en prends suffit à l'altérer. Elle ne recherche ni la nouveauté, ni l'invention : elle nous révèle au contraire une intimité ancienne et méconnue entre le réel et nous. Elle est semblable à une habitude que nous découvririons pour la première fois. Elle est la solu-

79

tion d'un problème que nous n'avions pas eu le temps de poser. Il y a une grâce de l'enfance et la grâce est l'enfance même du monde. La grâce abolit toutes les préoccupations qui peuvent naître soit du passé soit de l'avenir ; en elle « l'âme libérée reste seule avec son moment » ; elle est la suffisance du mouvement pur, elle retient du temps juste ce qu'il lui faut pour qu'elle puisse nous révéler l'essence des choses, non plus comme un objet que l'on contemple, mais comme un rythme qui leur donne la vie.

La grâce est une contradiction apaisée. Elle est la fusion de deux termes qui semblent s'exclure ; elle est la facilité du difficile et l'attente de l'inattendu. Elle est parfaite détente et parfaite maîtrise de soi ; liberté et retenue tout à la fois. En elle le choix et la nécessité ne font qu'un. Elle est l'unité du mouvement le plus simple associée à une multiplicité infinie de mouvements suggérés et esquissés. C'est un silence où mille voix se composent. Ou bien, comme on le voit dans les jeux des félins, c'est un repos alerté, chargé de réactions innombrables et imprévisibles et dans lesquelles l'effet semble toujours « partir avant la cause ». C'est la synthèse de la réponse et du désir. Le miracle de la grâce, c'est de joindre le spirituel et le matériel d'une manière si intime qu'on ne les discerne plus. Le mouvement par lequel elle anime les corps les dématérialise : il n'a pas seulement pour effet de vaincre leur inertie, il la leur retire. On peut dire également qu'elle leur fait perdre cette opacité et cette résistance qui forment leur nature de corps, de telle sorte qu'elle semble les rendre invisibles comme corps, et qu'elle nous montre pour la première fois leur nature véritable, comme si la barrière qui nous séparait d'eux était tout à coup tombée et que leur apparence ne fût plus maintenant que le don de leur présence vivante. Et ce mouvement lui-même a d'autant plus de grâce qu'il demeure à son tour en suspens, comme si en s'accomplissant il se divisait, et montrait ce qui lui manque par son impatience même à l'atteindre. De là cette forme de grâce que l'on obtient par le simple ralenti, et qui s'explique à la fois par la douceur du retour au repos et par cette exquise légèreté où la pesanteur est devenue complice d'un corps qui jusque-là devait lutter contre elle par l'effort et par la vitesse.

*

M. Raymond Bayer abonde en notations intéressantes sur cette unité fragile entre des termes opposés qui donne à la grâce une perfection toujours neuve et émouvante. Mais il remarque fort justement que la grâce présente des formes bien différentes, et « qu'au moment d'écrire un livre sur la grâce on éprouve soudain le sentiment qu'on pourrait aussi bien instituer une enquête sur *les Grâces* ». Il cherche toujours à découvrir dans la grâce une ambiguïté qui se dénoue, une hésitation qui s'apaise, un équilibre qui se rompt et se rétablit. Ainsi il analyse la grâce de Marivaux où l'on trouve de la pudeur, de la prudence, la peur de déplaire, et tous ces obstacles légers que l'esprit ne cesse d'inventer pour se donner le plaisir délicat de les faire apparaître frivoles. Il décrit la grâce de ces animaux craintifs, toujours aux aguets, dont tout l'être frémissant attend et appelle un péril peut-être sans objet, dont tout le corps n'est que fuite, mais fuite immobile, plus subtile et plus vibrante qu'une fuite réelle. Il nous montre que la grâce peut être parfois trop nerveuse et parfois trop abandonnée, et qu'on la manque toujours dès qu'on cherche à l'obtenir : on ne rencontre alors que la manière, qui en est justement le contraire. Il insiste avec raison sur un certain inachèvement et un certain polymorphisme des possibles qui sont inséparables de la grâce et suffisent pour l'opposer à la beauté, s'il est vrai que celle-ci implique toujours une plénitude et une parfaite possession.

La grâce est le commencement de toute chose, elle appartient à la jeunesse plutôt qu'à la maturité. Elle est cette indécision harmonieuse de la forme adolescente avant que la forme humaine soit fixée. Elle est faite de modulations incessantes entre des valeurs voisines. Elle échappe à tous les canons. Comme on le voit dans le modelé féminin, elle jette un voile sur l'indépendance des organes et des membres. Elle nous atteint souvent d'une manière d'autant plus vive qu'elle comporte quelque mesure qui n'est pas tout à fait juste.

Par opposition à la beauté encore, la grâce est physionomique. Elle rayonne à la surface même de l'épiderme, c'est-à-dire en cette région du monde où se fait la jointure du dehors et du dedans, où la moindre ligne est à la fois une expression du sentiment et une touche de lumière : la grâce résulte de leur accord. Elle enveloppe le corps entier « dans un lyrisme sans tourment » ; elle lui donne ce poli qui est fait « de minuscules saillies et de ressauts impondérables ». Écoutons les Goncourt parler de Prud'hon : « Il nuance, disent-ils, les plus petites indications de lumière ; il fait sentir la moindre dégradation des plans, et il ne s'arrête que lorsque l'image même vit et palpite sous les mille petites lignes juxtaposées dans son crayon comme dans une trame de jour. »

Mais la situation de Léonard de Vinci à l'égard de la grâce est particulièrement instructive. Car non seulement il cherche toujours à élever la grâce jusqu'à la beauté, mais encore il refuse une grâce qui ne serait qu'un don. Il fait de la grâce elle-même un problème ; elle est toujours pour lui l'effet d'une habileté et d'une réussite. On oppose souvent à l'art qui construit le réel par une sorte d'assemblage intellectuel un art qui cherche seulement à le suggérer et à le faire sentir. Vinci les réunit : on dirait qu'il vise à obtenir « une évocation disciplinée du mystère ». Et pour cela il emprunte toutes ses ressources à la lumière : « La peinture, dit-il, n'est qu'un effet et une composition d'ombre et de lumière, de clair et d'obscur : rien n'est plus nécessaire que ces deux non-couleurs. » Mais c'est en les fondant qu'il obtient le *sfumato*, cette douceur transparente et aérienne qui est l'atmosphère de tous ses tableaux. Là est le secret de cette peinture « sans signes ni traits » qui, par la seule magie du clair-obscur, fait émerger chaque personnage de l'ombre comme une apparition, donne à chaque forme un contour parfait, mais si doux et si fondu qu'il ne fait plus qu'un avec l'air vivant qui l'environne, et trouve son expression la plus subtile dans ce sourire étrange, qui ne cesse jamais de nous inquiéter, et qui, si éloigné qu'il soit d'une grâce purement naturelle, ressemble pourtant à l'ironique refus d'une grâce surnaturelle.

1er juillet 1934.

VI. LA VISION ET LE DESSIN

Parmi les différents sens, la vue possède une sorte de privilège. C'est le sens de la connaissance, mais aussi de toutes les illusions de la connaissance. Nous ne pouvons pas prononcer ces mots « le monde » sans évoquer aussitôt l'immense spectacle que la vue nous propose. Dans un espace découvert ce spectacle s'étend devant nous jusqu'à l'horizon, et nous imaginons que cet horizon se referme derrière nous de manière à former un cercle idéal dont nous sommes le centre, ce qui se confirme si nous nous retournons. Quand nous levons la tête et que le ciel est pur, une voûte paraît comme une surface subtile et irréelle qui borne l'atmosphère et arrête le regard. Mais des objets remplissent l'espace, des nuages peuplent le ciel, de telle sorte que le monde de la vue est pour nous un monde vallonné d'apparences changeantes dont chacune se révèle à nous à la fois par un contour que nous pouvons suivre et par un contact immatériel, indéfinissable et émouvant, que nous nommons sa couleur. Notre œil domine et embrasse ce grand spectacle : il le parcourt dans tous les sens, le moindre de ses mouvements appelle à l'existence ou précipite dans le néant les objets les plus différents. Il se pose sur chacun d'eux tour à tour, s'attarde sur lui avec plus ou moins de complaisance, en épouse la forme et le modelé avec tant de fidélité qu'il a l'illusion de les créer. Il quitte un objet, il passe de l'un à l'autre avec une extrême mobilité, et, malgré la variété de ces mouvements, le monde tout entier lui demeure présent comme un immense et unique tableau. Il se fait le complice de la lumière : il s'associe à tous ses jeux ; et la distribution même des choses résulte pour lui du rapport des ombres et des clartés.

Les autres sens n'ont point aussi directement la connaissance pour fin. Laissons de côté l'odorat et le goût qui nous font pénétrer dans l'essence chimique des choses et nous révèlent leur affinité avec notre propre vie. Il est facile de voir que le propre de l'ouïe c'est de nous rendre attentifs non point à la présence des objets, mais à certains ébranlements qu'ils subissent, et qui sont pour nous autant de signes et d'avertissements : tel est le rôle même de la parole, qui se prête si bien à la communication de nos pensées, mais qui ne nous dispense pas d'un recours à l'expérience visuelle où elles cherchent toujours à retrouver le contact avec la réalité. Pourtant ce contact est encore idéal ; il ne fait que nous rappeler le contact véritable : seul le toucher atteint des corps qui nous résistent et qui ne sont plus pour nous de simples images. Mais un objet que nous touchons dans l'obscurité ne nous découvre que son existence : nous n'avons la révélation de ce qu'il est que lorsque la lumière nous est rendue.

Ainsi nous ne connaissons que ce que nous voyons, mais nous

ne croyons vraiment qu'à l'existence de ce que nous touchons ; et quand nous ne pouvons pas obtenir la correspondance entre ce que nous voyons et ce que nous touchons, nous croyons toujours être victime de quelque illusion. Car nous pensons que la vue nous donne l'image des choses et non point les choses elles-mêmes. Sans doute cette image n'est pas située d'abord en nous pour être projetée ensuite hors de nous ; nous la voyons d'emblée au lieu même occupé par la chose. Mais il faut qu'elle ne se confonde pas avec la chose elle-même pour en être la connaissance. En elle la chose nous apparaît à une distance plus ou moins grande de notre corps ; elle croît ou décroît selon que nous nous approchons ou nous éloignons d'elle ; elle ne tourne jamais vers nous qu'une seule de ses faces ; elle subit des déformations et des torsions, selon que nous la regardons sous tel angle ou sous tel autre. Nous pourrions penser que le monde réel, c'est le monde visuel où la grandeur et la forme des corps varient sans cesse en vertu de lois régulières selon notre position par rapport à eux. Mais le toucher nous donne une expérience constante de chaque objet. Il nous permet de retrouver l'identité de sa forme et de sa grandeur par une coïncidence toujours nouvelle de sa surface et de la surface de notre corps. Ainsi il fournit une sorte de point d'appui à l'œuvre de l'intelligence, qui considère l'objet non point comme étranger à toutes les perspectives que la vue nous donne sur lui, mais comme le carrefour et le lieu de rencontre de toutes ces perspectives, dont chacune est telle pourtant que, quand elle est donnée, elle exclut les autres.

*

Le mot image est emprunté au langage de la vue. Encore présente-t-il ici une ambiguïté instructive : car les perceptions visuelles sont déjà pour nous des images que nous ne confondons point avec les choses et qui ne viendraient coïncider avec elles que si nous pouvions franchir l'espace qui nous sépare d'elles. Mais le mot image évoque en général la représentation d'un objet absent, c'est-à-dire séparé de nous non point par l'espace, mais par le temps. Or on conçoit facilement comment on peut passer du premier sens au second si on songe à un objet qui s'éloigne peu à peu jusqu'au moment où sa présence sensible s'évanouit : pour continuer encore à se le représenter, il faut le rapprocher de soi par l'imagination ; mais sa distance dans l'espace n'est plus qu'apparente ; c'est sa distance dans le temps qui est seule réelle.

Il faut être reconnaissant à M. René Duret d'avoir entrepris dans un petit livre intitulé *les Aspects de l'image visuelle* (Boivin) un examen pénétrant des caractères fuyants qui appartiennent à l'image et qui font qu'elle nous échappe toujours au moment où nous croyons la saisir. Il montre fort justement que l'image n'est pas un être indépendant inséré entre l'esprit et le monde, mais un certain rapport de l'esprit au monde, une certaine manière de nous le représenter ou, si l'on veut, de le voir. Mais il montre en même temps que, bien que l'image soit toujours une certaine perspective particulière sur un objet, elle est toujours accompagnée d'un certain savoir par lequel j'évoque d'autres perspectives, je passe de l'une à l'autre et je les considère comme toutes présentes virtuellement dès que la première m'est donnée. Enfin, c'est dans le rapport de la vision et du dessin qu'il essaie d'appréhender la véritable nature de l'image, ce qui paraîtra légitime s'il est vrai que le dessin a pour fin de former une « image » de l'objet, mais une image qui met en jeu toute l'activité de notre esprit, puisqu'il faut la chercher d'abord à l'intérieur de l'objet lui-même pour être capable de la figurer, et qu'on ne la figure que pour en prendre possession, pour pouvoir la tenir véritablement sous le regard de la pensée.

Le dessin est la charpente commune de tous les arts. Il nous apprend à reconnaître les formes en les traçant : il crée une alliance entre le regard et la main. Il nous découvre un monde qui semblait d'abord exister sans nous et qui n'existe pourtant que par rapport à nous, un monde dont nous sommes capable de devenir maître dans la mesure même où nous lui devenons plus docile. Le dessin utilise une fine pointe, celle du crayon, de la plume ou du pinceau, afin d'engendrer l'image grâce à un mouvement presque pur ; mais elle imite en la matérialisant déjà la pointe plus fine encore du regard dont la mobilité, l'exactitude, la délicatesse suivent l'ordonnance du réel jusque dans ses plus subtils délinéaments.

C'est la troisième dimension qui donne aux choses leur véritable réalité et qui nous permet d'en faire le tour. Le dessin les transpose sur une surface où elles deviennent de pures apparences ; il les évoque plutôt qu'il ne les reproduit. Cette transposition change leur nature ; elle les spiritualise. Mais l'action du crayon se calque sur celle du regard, et l'on ne regarde l'objet avec tant de pénétration et tant d'insistance que parce qu'on veut s'emparer de sa forme en la retraçant.

Pourtant je n'ai jamais l'objet même devant les yeux. Je cesse de le regarder dès que je commence le premier trait ; mon véritable modèle est donc l'image que je porte dans mon esprit, et par conséquent un premier souvenir de l'objet et non l'objet lui-même. Seulement l'objet demeure présent et je le retrouve dès que je lève les yeux. L'image intérieure semble donc médiatrice entre le réel et le dessin. C'est par elle que je passe de l'un à l'autre. L'esprit est sur le trajet qui les rapproche et il faut qu'il soit traversé pour que le dessin puisse naître. C'est dans cette oscillation ininterrompue, qui va de l'original à la copie, que l'image se forme ; par elle je me libère de l'objet et c'est elle qui conduit ma main. Elle ouvre un champ libre à mon initiative et m'oblige à une action créatrice qui, grâce à un retour incessant du regard vers le modèle, se rectifie elle-même en devenant toujours à la fois plus fidèle et plus inventive. C'est elle qui semble produire cette coordination de l'œil et de la main par laquelle l'œil lui-même devient plus perspicace. Le regard parcourt l'objet dans tous les sens pour permettre au trait de le suivre, et ce sont ses cheminements et ses arrêts que l'on retrouve encore dans toutes les hésitations du dessin.

Mais le dessin n'est pas la simple transcription d'une image que nous portons en nous toute faite ; il la cherche et c'est seulement en lui qu'elle se réalise. Jusque-là elle reste incertaine et pour ainsi dire virtuelle. C'est le dessin qui lui donne le corps qui lui manquait et sans lequel elle n'est qu'une possibilité pure. On peut même dire en un certain sens qu'il la devance : chaque trait est un essai que je fais et dans lequel je tâche moins de la fixer que de la reconnaître. Elle n'est pas un tableau déjà réalisé dans l'esprit : elle est pour ainsi dire un tableau que je commence, que je ne réussis pas à bien saisir, qui me donne de l'insécurité aussi longtemps qu'il n'est pas achevé, et qui ne s'achève que sur la toile ou sur le papier. Et M. Duret, reprenant ici certaines observations d'Alain, montre justement que le dessin crée le souvenir plutôt qu'il n'en procède, et que les faux traits que le dessinateur laisse subsister sont destinés précisément à montrer ses tâtonnements : ils donnent à son œuvre la souplesse et la vibration de la vie. Il semble donc que le propre du dessin ce soit à la fois de nous détacher de l'objet et de nous assujettir à lui ; c'est qu'il a pour rôle précisément de le faire nôtre. Ce qu'il y a en lui de plus remarquable, c'est qu'il suppose une longue suite d'opérations accomplies dans le temps afin de rejoindre l'une à l'autre deux représentations qui sont toutes deux simultanées et instantanées : celle qui nous est fournie par l'objet et celle que nous fournit le dessin lui-même quand il est terminé. Mais la perfection du dessin c'est de se suffire à lui-même, c'est-à-dire non pas proprement d'évoquer l'objet à propos de cette figuration, mais d'abolir l'intervalle qui les sépare et de nous montrer l'objet même dans sa figuration. Il met donc en valeur l'activité même de l'esprit dans la perception, dégage de l'objet une image spirituelle, mais ne parvient à en prendre possession qu'en la réalisant.

*

Le dessin soulève d'autres problèmes qui intéressent plus directement encore la théorie de la vision. Nous ne voyons jamais qu'un aspect de l'objet, qui dépend de la position que nous occupons par rapport à lui et que la perspective géométrique définit avec exactitude. Mais nous avons sur l'objet lui-même un savoir beaucoup plus étendu : nous connaissons sa grandeur réelle, sa structure, les véritables rapports de ses parties. Et ce que nous en voyons ne peut jamais être complètement détaché de ce que nous en savons. L'enfant veut que son dessin contienne tous les éléments de l'objet, même ceux qui sont invisibles. Il en est de même du primitif. « Si je sais, dit M. Maurice Denis, qu'il y a trente maisons, deux places publiques et trois églises dans cette vieille cité enclose de murailles, la perspective ne me permet pas de les signifier clairement par la peinture. Le primitif n'hésite pas : il étage l'une au-dessous de l'autre les trente maisons, les trois églises, et il entoure le tout d'une muraille ; il préfère la réalité à l'apparence de la réalité. » Les essais les plus hardis de l'art moderne cherchent aussi à figurer au-delà de la stricte perception visuelle la totalité même de l'objet. Cézanne déploie « un volume qui étale sur la toile ce qui fuit dans la vision réelle ». Et on a pu définir le cubisme comme « l'art de peindre des ensembles nouveaux avec des éléments empruntés non à la réalité de la vision, mais à la réalité de la connaissance ». En fait, seule la circulation autour de l'objet pourrait faire apparaître ses faces successives : or il est impossible que l'artiste parvienne à les représenter en les juxtaposant. L'art du dessin doit par conséquent se résigner à représenter les objets tels qu'ils paraissent et non pas tels qu'ils sont. Mais le plus grand de tous les peintres est celui qui, sans représenter autre chose que l'apparence, sait la conduire jusqu'au point où elle manifeste la structure, au lieu de la dissimuler, et qui au lieu de donner de l'instant qui passe une figuration éternelle nous permet d'appréhender l'éternité même de l'objet dans un instant incomparable et qui recommence toujours.

Il y a plus. Quel est le degré de vérité de la perspective géométrique elle-même ? Elle est vraie d'une vérité abstraite, c'est-à-dire pour un être qui contemplerait le monde avec indifférence, sans intérêt et sans passion. Mais nous le regardons avec tous nos sens, avec tous nos sentiments, avec tout notre être : c'est ainsi seulement qu'il se charge pour nous de réalité. Mais alors il acquiert en dehors de ses dimensions métriques des dimensions spirituelles dont les premières ne sont que l'inerte support. Notre regard donne aux objets d'autant plus d'éclat, d'intensité et de relief qu'ils nous ébranlent davantage, qu'ils sont pour nous plus émouvants et plus significatifs. Ainsi, comme nous percevons le monde avec notre pensée et non pas seulement avec nos yeux, ce qui fait que nous voulons retrouver la structure même des choses à travers leur apparence, nous le percevons aussi avec notre sensibilité et non pas seulement avec nos sensations, de telle sorte que nous voulons retrouver encore la valeur des choses derrière leur mesure.

Le dessin nous révèle la présence dans la vision de plusieurs aspects différents dont il nous apprend à maintenir l'union : car il faut que nous puissions à la fois et indivisiblement nous représenter les choses comme ayant une existence et une solidité qui leur permet de subsister par elles-mêmes, bien qu'elles ne nous révèlent jamais qu'une apparence unique et privilégiée, et comme variant à la fois selon leur éloignement matériel par rapport à notre corps et selon l'émotion inégale qu'elles nous donnent, qui mesure leur éloignement spirituel. Il est inévitable que, dans ces différents points de vue, il y en ait toujours un qui puisse être préféré aux autres : ce qui crée la distinction entre les différentes écoles artistiques.

L'étude des arts du dessin est donc singulièrement instructive pour le philosophe : car elle nous montre que le propre de la vision, c'est de nous donner une représentation dans laquelle l'individuel et l'universel sont inséparables. Elle cherche toujours à atteindre le réel, mais à travers une perspective qui est toujours individuelle. Et cette perspective elle-même ne peut pas être purement abstraite : elle est aussi affective, et c'est par l'affection qu'elle rejoint le réel dans la mesure où cette affection est elle-même plus vive. Dès que ces rapports cessent d'être respectés, l'art devient faux et invraisemblable, et nous cessons d'y croire, ou bien technique et formel, et il cesse de nous émouvoir. Il est remarquable que le mot de contemplation par lequel nous désignons le caractère le plus haut de la vie spirituelle soit lui-même emprunté au langage de la vision. C'est que la vie de l'esprit elle aussi nous découvre une réalité qui nous dépasse, mais que nous percevons toujours par un acte qui est nôtre ; c'est qu'elle est une participation toujours en rapport avec notre propre position intérieure, c'est-à-dire avec nos mérites, et qui se change elle aussi en une union dès que l'égoïsme se tait et que l'amour-propre cède à l'amour.

3 mai 1936.

VII. RÉFLEXIONS SUR LA NOUVELLE PSYCHOLOGIE DE LA FORME

Nos lecteurs se rappellent peut-être comment, à l'occasion du beau livre de M. Focillon : *la Vie des formes*, nous avons été conduit à chercher la signification de la notion même de forme en la considérant sous son aspect esthétique, qui nous en donne sans doute la révélation la plus émouvante et la plus pure [1]. La forme nous était apparue alors comme exprimant l'individualité même des choses, la frontière par laquelle leur être se circonscrit à l'intérieur de l'univers dont elles font partie : elle nous semblait résider à la fois dans l'ensemble des points qui limitent leur expansion intérieure, sur lesquels celle-ci vient s'arrêter et mourir, et dans l'apparence qu'elles nous montrent, mais qui nous permet, en la saisissant, de faire revivre en nous le mouvement même dont elles témoignent et qui les a produites.

Mais la notion de forme dépasse singulièrement le domaine de l'esthétique. Elle appartient à une tradition philosophique fort ancienne qui l'a élaborée peu à peu. Et il lui est arrivé, comme à

---

1 Cf. L'art et la forme, 2ᵉ Partie p. 83.

toutes les notions sur lesquelles la réflexion s'est trop appesantie, de perdre par degrés tout contact avec cette expérience à laquelle elle était empruntée. Si bien qu'elle peut servir aujourd'hui, par une sorte de paradoxe, à désigner justement toute rupture à l'égard de l'expérience elle-même ; ce que l'on comprendra aisément si l'on songe que, pour la définir avec précision, on croyait devoir l'isoler de son contenu, en justifiant ainsi par avance tous les reproches que l'on ferait plus tard à une vérité de n'être que « formelle », ou à une action de n'être dictée que par le « respect de la forme ».

C'est la philosophie d'Aristote qui a donné à l'opposition de la matière et de la forme son importance privilégiée : cette opposition trouvait en quelque sorte son principe et son modèle dans l'activité de l'artisan ou de l'artiste qui ne peut pas se passer d'une matière indéterminée à laquelle il imprime un contour afin de lui donner un usage ou une signification. La forme est en même temps l'idée qu'il cherche à incarner et l'effet qu'il cherche à réaliser : et la matière n'en est que le support et le moyen. Dès lors, la forme est elle-même immatérielle : elle est l'acte de l'esprit qui introduit dans le réel la marque de ses desseins. Cette distinction entre une activité formatrice et une matière étrangère à la forme, mais qui se prête à la recevoir, subsiste encore dans une doctrine comme celle de Kant, et d'une manière générale peut-être dans toutes les théories dualistes où l'opération de la connaissance est regardée comme différente de son contenu. La matière est alors le domaine de « l'informe » : elle est semblable au chaos de la fable, avant que l'esprit le pénètre et le soumette à l'ordre et la mesure.

On peut, il est vrai, dépouiller la forme de ce prestige qu'on lui accorde quand on la considère comme l'empreinte originale de la pensée sur les choses. On peut en effet imaginer que le réel est constitué par des éléments, qui sont les atomes, dans le monde physique, ou les sensations, dans le monde psychologique. Ces éléments jouent le rôle d'une matière susceptible de prendre des formes très différentes selon les assemblages dans lesquels ils peuvent entrer, en vertu des lois de la mécanique, ou des lois de l'association des idées. On voit alors ces formes se faire et se défaire selon les hasards des diverses rencontres : elles n'ont qu'un intérêt momentané et subjectif. Mais la véritable réalité est ailleurs : elle est dans les éléments que ces formes assemblent, que l'analyse nous permet de retrouver, et qui sont toujours prêts à se dissocier pour entrer dans des formes nouvelles. En un sens, la psychologie associationniste qui paraissait avoir triomphé à la fin du siècle dernier était juste l'inverse de la psychologie d'Aristote, puisque, en faisant de la forme un accident, elle la subordonnait à la matière ; et pourtant, elle restait fidèle aux mêmes principes, puisqu'elle admettait elle aussi la distinction de ces deux notions et qu'elle cherchait encore le moyen de les unir.

Mais on a vu apparaître en Allemagne au début du XXe siècle une psychologie nouvelle qui s'oppose à la fois aux postulats de la philosophie traditionnelle, en refusant de considérer la forme et la matière comme susceptibles d'être séparées, et à ceux de la psychologie analytique, en considérant les formes, et non plus leurs éléments, comme l'objet premier et essentiel de l'investigation. Parmi les savants de cette école, les plus célèbres sont Wertheimer, Kœhler, Koffka et Lewin ; leurs recherches ont connu un grand retentissement, en particulier aux Etats-Unis. Il faut être reconnaissant à M. Paul Guillaume de nous avoir résumé leurs principaux travaux dans un livre intitulé *la Psychologie de la forme* (Flammarion), dont la documentation est très minutieuse et très sûre, qui témoigne pour leurs œuvres d'une sympathie manifeste, sans nous dissimuler pourtant l'insuffisance de quelques-unes de leurs thèses, ou même leur incertitude philosophique.

L'expérience ne nous offre jamais que des touts ou des ensembles : mais nous imaginons toujours que chaque tout est la somme de ses éléments, et même que, pour percevoir le tout, il nous a fallu grouper les éléments, bien que nous ne les ayons découverts que postérieurement au tout et par une opération qui le divise. C'est contre cette interprétation que les partisans de la théorie de la forme se sont élevés. Les éléments n'ont pour eux de réalité que dans les ensembles à l'intérieur desquels ils se trouvent engagés. Ils ne sont pas les mêmes quand ils sont isolés ou quand ils sont associés avec d'autres dans une forme organisée. On le voit bien quand on considère un son particulier, détaché de tout autre son, ou intégré dans une suite mélodique. Quant à la forme, elle possède une originalité et une indépendance véritables à l'égard des éléments qui la composent : ainsi dans la mélodie dont le ton est transposé, toutes les notes sont devenues différentes ; la forme mélodique est pourtant demeurée la même. Au contraire, et par une sorte d'ironie, si une seule note était altérée, toutes les autres demeurant identiques, c'est la mélodie qui serait différente. Dès lors nous sommes amenés à considérer la perception du tout, non pas comme résultant de l'assemblage des éléments, mais comme donnant à ces éléments eux-mêmes leur valeur et leur sens.

Or en quoi consiste cette forme ou cette structure que nous appréhendons ainsi d'emblée sans avoir à la construire ? Bien que M. Guillaume hésite à reconnaître dans la théorie de la forme l'une des doctrines classiques entre lesquelles se partage la spéculation philosophique, il nous accordera peut-être qu'elle mérite pourtant le nom de réalisme et même qu'elle a une inflexion spécifiquement anti-idéaliste. On peut dire en effet qu'elle rejette avant tout l'idée de toute faculté autonome d'organisation, de toute fonction synthétique de l'esprit, de tout pouvoir subjectif et personnel qui introduirait dans les choses la systématisation et l'unité. La forme est immanente au réel, où il s'agit pour nous seulement de l'appréhender. Elle est une propriété de l'objet donnée avec lui, et sans laquelle il ne pourrait ni être ni être perçu. Bien plus, c'est dans les lois du monde physique plutôt que dans l'exercice de l'activité de l'esprit qu'il faut en chercher l'origine et l'explication. Elle n'est en aucune manière un produit de l'art humain, comme le suggérait l'aristotélisme, mais plutôt l'effet d'un équilibre physique. On peut invoquer, pour en comprendre la nature, le principe de Le Châtelier qui montre que tout système tend toujours à la structure la plus régulière et la plus symétrique. La bulle de savon prend une forme sphérique parfaite parce que, de toutes les figures, la sphère est la plus simple et la plus régulière, celle aussi qui, à volume égal, possède la plus petite surface.

La nouvelle école n'acceptera donc pas, comme telle conception classique, que l'organisation du réel dépende de la recherche dans le monde d'objets conforme à nos besoins. Rignano lui objecte que ce que nous percevons dans le fruit qui calme notre faim, dans l'arbre qui nous protège du soleil, dans l'outil dont nous nous servons, c'est l'unité d'une figure qui traduit l'unité d'un besoin. Mais on réplique que beaucoup de perceptions ont un caractère désintéressé, par exemple les perceptions esthétiques, et qu'une mélodie reste fixe, quel que soit le sentiment d'agrément ou d'ennui qu'elle

DEUXIÈME PARTIE

provoque. On refuse aussi de trop accorder à l'éducation ou à l'expérience acquise pour expliquer comment nous parvenons à distinguer les objets les uns des autres et à circonscrire leur contour. Car connaître, ce n'est pas seulement reconnaître : autrement comment la connaissance se serait-elle effectuée la première fois ? Il nous arrive sans doute de retrouver dans la disposition de quelques taches d'encre ou quelques nuages dans le ciel certaines formes qui nous sont familières. Mais nous n'y voyons pas n'importe quelles formes : il faut pour cela que les taches ou les nuages soient disposés d'une certaine manière. Il est nécessaire de conclure par conséquent que les objets s'individualisent en vertu des lois de la forme, au lieu de dire que je leur attribue une forme afin de pouvoir les individualiser.

Mais quelles sont ces lois de la forme dont on nous parle ? Il y a des formes qui nous donnent plus de satisfaction, que nous saisissons avec plus de facilité, que nous cherchons naturellement à retrouver dans les choses, à maintenir devant nos yeux quand elles tendent à se dissiper. Ce sont celles que l'on appelle dans l'école les « bonnes formes ». Elles ont un caractère « prégnant » par lequel elles s'imposent à nous en rendant inutile tout effort que nous ferions pour les abolir. On multiplie les expériences pour nous montrer quels sont les facteurs qui les déterminent : parmi eux on peut citer la proximité et la ressemblance entre les éléments, le contraste de la figure et du fond, l'articulation interne des parties de l'ensemble.

*

Le mot forme évoque toujours une configuration des corps dans l'espace. Il semble donc qu'il désigne d'abord un caractère de la représentation visuelle. Et l'on ne s'étonnera pas que les travaux les plus importants de cette école portent en effet sur les formes étendues. Pourtant, c'est l'essence commune de toutes les perceptions d'appréhender toujours une forme. Ainsi il y a des formes sonores, comme on l'a vu dans l'exemple d'une mélodie ; et peut-être même faut-il dire que la division et le rythme qu'elles introduisent dans le temps nous permettent souvent de saisir leur organisation originale avec plus de clarté que l'enchevêtrement des relations simultanées dans les objets habituels de la vue. Il y a plus : la théorie de la forme ne prétend pas seulement rendre compte de la perception des choses mais aussi de la nature même de nos actions. Prenons l'exemple de l'instinct. Elle refusera d'en faire une simple association de réflexes, comme elle refusait de faire de la perception une simple association de sensations. Mais elle invoquera, pour l'expliquer, les lois de l'équilibre physique, comme elle le faisait quand il s'agissait d'expliquer l'apparition des formes matérielles. L'action, en effet, ne peut jamais être séparée du milieu dans lequel elle s'exerce. Elle est un tout où le résultat final peut être considéré comme la résolution de toutes les tensions produites par les excitants qui la déterminent. Ainsi Koffka peut comparer la construction du nid de l'oiseau à une mélodie commencée qui tend vers un certain achèvement. Mais, d'une manière plus générale, il y a toujours un rapport très étroit entre l'acte et la situation, il est toujours en corrélation avec le champ dans lequel il se réalise, et dès que la perception change, il change aussi. On arrive ainsi à considérer des formes d'actes caractéristiques comme chercher l'aliment, attaquer, ou fuir.

On a reproché souvent à la théorie de la forme de rabaisser le rôle de la mémoire ; ce que l'on comprendra facilement si l'on se rend compte que la forme doit être saisie immédiatement, au lieu d'être élaborée en nous au cours de l'expérience. On peut même dire que si, dans la conception classique, l'appréhension de la forme est l'effet du souvenir, ici c'est la constitution du souvenir qui est un effet de l'appréhension de la forme. Dans l'étude de l'intelligence, elle montre aussi que les éléments font corps avec les rapports qui les unissent ; de telle sorte qu'il s'agit encore pour nous de discerner des formes qui nous sont données, que la distinction des fonctions sensitives et des fonctions intellectuelles doit être rejetée avec celle de la matière et de la forme, et que l'intelligibilité n'est rien de plus que « l'expression de l'organisation spontanée et manifeste d'un tout en vertu de ses lois internes ».

C'est dans l'étude des phénomènes de l'expression que la psychologie de la forme rencontre peut-être les explications les plus intéressantes, mais qui contribuent à dénoncer en elle une ambiguïté que seule une réflexion philosophique serait capable de dissiper. Cette théorie en effet ne reconnaît pas de différence de nature entre les phénomènes psychologiques et les phénomènes physiques : c'est à ceux-ci qu'elle emprunte le modèle de ceux-là. Aussi ne craint-elle pas d'affirmer, malgré le caractère invérifiable de ces hypothèses

DEUXIÈME PARTIE

physiologiques, qu'il y a « isomorphisme » entre les formes de la perception et les formes des processus nerveux. En sens opposé, et d'une manière beaucoup plus vraisemblable, ou du moins plus aisée à contrôler, elle montre que l'expression d'un phénomène ressemble au phénomène qu'elle exprime. Elle peut évoquer le mot de Gœthe que « ce qui est au-dedans est aussi au-dehors ». Elle prétend que la perception initiale est essentiellement physionomique, ou même, comme le veulent Krüger et Volkelt, que la forme primitive d'un tout quelconque est un sentiment. Entendons bien qu'il ne s'agit pas ici seulement des expressions du visage ou du corps humain ; car il n'y a pas de forme dans le monde qui ne soit elle-même expressive. Le sentiment alors est la forme même de l'appréhension du complexe. Ainsi, ce n'est pas en mesurant les côtés du rectangle que l'on apprécie sa forme véritable, c'est en la sentant élégante ou élancée, lourde ou écrasée. La même interprétation nous permettra d'expliquer les « synesthésies », en reconnaissant l'identité d'une même forme affective dans les données sensibles les plus différentes, et de dire d'une couleur qu'elle est chaude, d'un son qu'il est clair, d'un parfum qu'il est pénétrant ; elle nous permettra de réintégrer la valeur d'un certain impressionnisme qui nous décèle l'originalité d'un caractère dans l'apparence du visage, dans la voix ou dans l'écriture ; elle nous permettra enfin d'approfondir la nature du phénomène de l'imitation, en retrouvant la constance d'une certaine forme dans le sentiment que l'on éprouve et dans les mouvements qui le traduisent.

Mais ici la théorie tout entière nous paraît susceptible d'osciller en deux sens différents : car on peut, ou bien faire de ce que l'on sent quelque chose d'analogue à ce que l'on voit, c'est-à-dire une apparence, qui est sur le même plan et qui appartient au même monde ; ou bien faire de ce que l'on sent la raison et la signification de ce que l'on voit, qui l'exprime et qui lui ressemble, mais qui est d'une autre nature, comme une scène que nous vivons diffère du spectacle qu'elle donne à autrui. La même confusion nous paraît résider dans l'interprétation des formes de la perception, de l'intelligence ou du vouloir : car on croit qu'on peut se dispenser de les *former* en se contentant de les décrire : mais on ne peut les saisir sans les éprouver, c'est-à-dire sans les refaire. Dès lors, elles ne sont rien de plus, nous semble-t-il, qu'un acte de l'esprit immobilisé, tel qu'il se réfléchit, parfois immédiatement, dans un objet susceptible d'être contemplé. On éprouve aussi quelque doute sur les raisons de l'apparition des « bonnes formes » que l'on appréhende aisément et qui semblent nous donner une parfaite satisfaction par leur caractère de régularité et de symétrie. N'y a-t-il rien de plus en elles qu'une tendance purement mécanique d'un ensemble d'éléments à retrouver sa position d'équilibre ? Malgré la parenté des termes, est-ce là tout ce qui subsiste de ce qu'on entendait autrefois par cette simplicité de l'ordre et de la proportion, que l'on considérait comme l'idéal de la raison, et qui, dès qu'on l'avait obtenue, donnait à notre esprit une double joie rationnelle et esthétique à la fois ? On n'acceptera pas volontiers que les formes que nous jugeons les plus aisées et les plus parfaites soient un pur effet de la loi de l'inertie. Ou du moins faudrait-il approfondir davantage le rapport entre l'inertie matérielle dans le monde physique et la tension inventive dans le monde de la pensée, et chercher pourquoi, comme la théorie elle-même semble nous y inviter parfois, les formes les plus simples, les plus faciles et les plus naturelles, celles que nous admirons le plus dans le domaine de la science et de l'art, sont aussi celles qui ont été atteintes par l'effort le plus laborieux, le plus difficile et souvent le plus douloureux, dont elles représentent à la fois l'extrémité et la détente.

5 septembre 1937.

VIII. LA SINCÉRITÉ DE L'ARTISTE

Dans le nouveau livre que M. Charles Lalo vient de consacrer à *l'Expression de la vie dans l'art* (Alcan), on retrouve la même richesse d'information, la même subtilité d'analyse, la même ironie à l'égard des systèmes que dans ses études antérieures sur *les Sentiments esthétiques*, *l'Art et la morale*, *l'Art et la vie sociale*. L'ouvrage qu'il publie aujourd'hui n'est qu'une introduction critique à deux autres ouvrages plus constructifs qui paraîtront prochainement sous les titres : *l'Art loin de la vie* et *l'Art près de la vie*. Mais le choix de ces formules nous montre déjà nettement quel est le dessein de l'auteur : c'est d'aborder le problème de la création artistique en ce point si sensible où elle se relie à l'activité quotidienne et pourtant s'en sépare, où elle invite la personnalité à s'exprimer et pourtant à

DEUXIÈME PARTIE

se surpasser, à livrer son propre secret et pourtant à s'évader d'elle-même.

Entre l'homme et l'artiste on observe dans le même être une sorte de dialogue continu, d'une ambiguïté irritante, et qui tour à tour l'exalte et le mortifie. Où réside son moi véritable ? Est-ce dans ces étranges moments de sa vie où il arrache l'œuvre de ses flancs, où il hésite à se reconnaître parce qu'il n'est plus qu'exigence intérieure et douloureux labeur, pur tremblement d'anxiété et d'espérance, ou bien dans ce train naturel qu'il a quitté tout à l'heure et où il retombera bientôt, et qui, en l'humiliant, lui donne pourtant avec lui-même une sorte de familiarité plus tranquille et plus douce ? Faut-il qu'il se contemple dans son œuvre comme dans un miroir, alors qu'elle s'est détachée de lui aussitôt qu'elle est née, qu'elle jouit maintenant d'une existence indépendante, qu'elle est devenue un objet qui lui résiste et dans lequel il a enfermé un être qu'il n'est plus ? Ou bien son moi véritable est-il celui qui a survécu, qui n'avait jamais réussi à se confondre avec aucune de ses créations, et qui dans le spectacle de chacune d'elles témoignait d'un échec de sa vie réelle, de l'intervalle qui séparait l'être qu'il était de celui qu'il aurait voulu être ?

M. Lalo se complaît à étudier cette ambiguïté qui nous oblige à regarder la création artistique tantôt comme l'acte par lequel la personnalité se découvre, s'exprime et se réalise, tantôt comme l'acte par lequel elle s'oublie, se quitte et cherche à se donner encore, dans une sorte de possession illusoire, tout ce que le destin lui a refusé. Nous éprouvons toujours l'intérêt le plus vif à comparer l'œuvre de l'artiste avec sa vie. Mais cette comparaison nous déçoit souvent : car la vie ne donne pas toujours la clef de l'œuvre. Du moins, quand nous ne réussissons pas à saisir dans le contenu même de cette vie ce que nous y cherchions, c'est-à-dire une grandeur ou une délicatesse dans les sentiments ou dans les actions dont l'œuvre semblait témoigner, il pourra arriver qu'elle nous rapproche davantage de l'individu dont les faiblesses et les misères ont été les mêmes que les nôtres. Ainsi à l'admiration pour l'artiste viendra se joindre parfois une tendresse pour l'homme qui demandait à son œuvre précisément ce qu'elle nous a donné : la révélation de son désir le plus haut, mais aussi une consolation, un remède et parfois une sorte de revanche contre lui-même.

Il ne faut donc pas s'étonner si la création artistique montre tantôt une conformité, tantôt une divergence avec la vie : et M. Lalo ajoute avec beaucoup de finesse qu'elle ne joue pas toujours à cet égard le même rôle pour le spectateur et pour l'artiste. Pour chacun d'eux l'art peut être le prolongement de la vie. Alors, il la confirme, la justifie et l'épanouit dans la jouissance de tout ce qu'elle désire et de tout ce qu'elle aime : tantôt il la reflète et lui permet de prendre plaisir comme Narcisse à regarder son image ; tantôt il lui donne plus d'intensité et achève tous les mouvements qu'elle ne fait que commencer ; tantôt il l'éclaire, l'affine et la multiplie, il est le moyen par lequel elle se cultive ; tantôt il la guérit de tous les maux dont elle peut souffrir, mais par l'application d'un traitement homéopathique ; tantôt enfin, si elle est inquiète sur elle-même, il est pour elle une sorte de confession toujours accompagnée d'une absolution.

Mais il arrive aussi que la vie, incapable de supporter son propre visage, au lieu de se rechercher elle-même ne songe qu'à se fuir : l'art est alors pour elle un moyen de délivrance. Il faut donc qu'il contredise l'activité réelle à laquelle est attachée une sorte de malédiction : tantôt il est un jeu absolument désintéressé, mais qui est chargé de nous faire oublier les servitudes de l'utilité ; tantôt il est un rêve qui acquiert de la consistance, mais qui détourne notre regard de ce monde plus grossier où nous retiennent le corps et les sens ; tantôt il est un au-delà dans lequel nous cherchons à pénétrer grâce à des artifices, mais parce que l'ici-bas de la vie quotidienne ne suffit pas à nous contenter. Celui qui pense que le rôle de l'art est de réaliser à l'égard des passions une purgation qui nous immunise, celui qui dépense dans la création artistique une activité qui en s'appliquant à la réalité lui paraîtrait rebutante, celui qui ennoblit les œuvres de son imagination et qui n'aurait point le goût ou la force d'ennoblir les œuvres de sa volonté, attestent également qu'il existe entre l'art et la vie une insurmontable contradiction : chacun demande à l'art de satisfaire les aspirations de sa conscience auxquelles il n'ose, ou ne peut, ou ne veut donner libre cours dans la vie réelle.

Cependant, si l'art exprime à la fois ce qui est en nous et ce qui nous manque, ce que nous désirons et ce que nous possédons, c'est que notre moi n'est pas aussi simple qu'on l'imagine. Il s'efforce d'être plutôt qu'il n'est. S'il paraît à la fois se chercher et se fuir, c'est parce qu'il a en lui une multiplicité de puissances qui tendent toutes à s'exercer, une multiplicité de voix qui demandent toutes à se faire entendre. Il existe donc une « polyphonie de l'âme », que M. Lalo nous décrit dans un chapitre qui est le cœur même de son livre : « L'âme, dit-il, n'est pas une substance indivisible : elle est une harmonie. Elle est aux diverses parties du corps ce que la mélodie est aux notes diverses du chant ; elle est partout ou dans chaque note, sans être aucune des notes. » Or il arrive que nous puissions reconnaître en elle un son fondamental ; mais il peut n'y en point avoir ou y en avoir plusieurs : on percevra alors tantôt une consonance, tantôt une dissonance, tantôt même un simple bruit. Mais « l'âme serait bien pauvre si on la réduisait à un accord parfait majeur à perpétuité ».

M. Lalo est préoccupé de maintenir la diversité et la richesse de la vie intérieure plus encore que son unité. Il ne craint pas de dire, en poursuivant la même comparaison avec la musique, que l'idéal n'est pas l'unisson de toutes ces voix qui ferait croire qu'on n'en entend qu'une ; dans cette polyphonie il faut entendre aussi la diversité des thèmes ; et le mieux doué est celui qui est capable de discerner des paroles différentes pour chaque partie. Cependant tous ces sons pourraient demeurer silencieux : il faut toujours que l'âme se laisse ébranler par un appel auquel elle prête une oreille attentive pour qu'elle paraisse les tirer de son propre fonds. Ainsi, dans le *Prométhée mal enchaîné*, M. Gide disait d'une manière presque identique : « Les choses dans la nature ne vibrent à l'approche du son que lorsqu'elles-mêmes, le choc aidant, sont capables de le produire. Et je ne dis pas qu'elles le produiront jamais. »

Pour M. Lalo comme pour M. Gide, le moi est donc multiforme : il découvre, en les exerçant, les puissances qui sont en lui, à condition qu'il sache répondre à toutes les occasions qui lui sont offertes ; mais il est possible que ces puissances demeurent toujours ensevelies. Et M. Lalo cite avec faveur une déclaration du même écrivain dont la résonance nous est devenue familière : « J'ai vécu plusieurs vies et la réelle a été la moindre. — Je ne suis jamais que ce que je crois être. » Le problème de la sincérité subit alors une sorte de curieux renversement : l'art ne doit pas demander à la conduite le modèle de la sincérité, comme on pourrait le penser, mais c'est l'art qui doit le fournir à la conduite. Les contraintes du vouloir, la peur de l'opinion altèrent la moindre de nos actions et nous empêchent presque toujours d'oser être nous-mêmes. L'artiste a moins de retenue.

Mais c'est que l'art, dira-t-on, est toujours une feinte : il nous éloigne de nous-mêmes et nous oblige à revêtir plusieurs personnages que nous devons abandonner tour à tour afin de retrouver notre être véritable. Or tel est précisément l'écueil qu'il faudrait éviter. Peut-on traiter de feinte un état où le moi éprouve une émotion si intense et si pure que c'est quand elle cesse qu'il croit cesser de vivre ? Peut-on regarder comme personnages d'emprunt tous ces mouvements de notre sensibilité et de notre pensée auxquels nous n'avons pas craint de nous abandonner quand ils se présentaient à nous, et qui si notre moi réel voulait les répudier ne lui laisseraient plus que l'existence la plus morne et la plus factice ? Il faut donc transporter dans la vie ce que l'art nous enseigne ; une sincérité innocente et diverse et qui se livre toujours au présent peut seule nous permettre de nous découvrir, de nous réaliser et de devenir enfin ce que nous sommes.

Cette comparaison entre l'art et la vie est singulièrement instructive. Car il est certain que le moi se cherche lui-même à travers ses œuvres plus encore qu'il ne s'exprime par elles. Et même si nous admettons, contre la théorie précédente, que se chercher c'est aussi se choisir et se construire, il est évident que l'art doit être pour nous l'épreuve de la sincérité. Non point qu'il doive s'efforcer de traduire avec une rigoureuse fidélité les sentiments que nous avons réellement éprouvés : « La mauvaise poésie, dit Oscar Wilde avec cruauté, vient des sentiments vrais. » Mais il ne faut pas oublier que l'émotion artistique nous permet d'atteindre un des sommets de la conscience ; elle éveille le désir et le comble ; elle nous réconcilie avec nous-mêmes ; elle nous concilie l'univers ; en nous montrant leur beauté, elle donne aux choses une signification inespérée ; elle n'est pas seulement une promesse de bonheur, mais le bonheur même, qu'elle nous fait toucher de nouveau chaque fois qu'elle reparaît en nous. Par elle, tous les sentiments que nous avions connus reçoivent une lumière, un éclat, une profondeur qui semblent nous les révéler pour la première fois. Nous découvrons tout à coup leur universalité et leur éternité. Jusque-là ils avaient pénétré en nous par un frémissement obscur ; c'est nous maintenant qui croyons pénétrer en eux dans une joie apaisée et miraculeuse. La poésie est donc une grâce qui ne doit pas nous permettre de nous évader de la vie pendant quelques minutes de loisir, mais qui, comme la grâce elle-même, doit imprégner notre vie tout entière et la transfigurer.

*

Il existe une sorte de paradoxe de la sincérité que l'art et la vie confirment également. Notre moi n'est pas un être formé, mais un être qui se forme sans cesse. Il n'est point une réalité déjà faite sur laquelle notre sincérité devrait se régler, qui en serait l'étalon et que nos paroles ou nos œuvres pourraient exprimer avec plus ou moins d'exactitude ou de fidélité. Aussi a-t-on pu dire qu'il n'y a point une vérité sur moi comme il y a une vérité sur un objet. Le précepte célèbre qui nous commande de nous connaître n'est d'une application si difficile que parce que pour se connaître il s'agit d'abord de se faire. Et les deux opérations n'en font qu'une. C'est pour cela que nos actions nous montrent toujours à nos propres yeux comme autres que nous ne croyions être. Ce que nous pensons de nous-mêmes est aussi un voile qui nous dérobe à nous-mêmes. L'action déchire le voile ; elle nous soumet à une épreuve ; elle nous oblige à nous engager, à nous porter au-delà de toutes nos acquisitions ; elle nous juge moins encore sur nos facultés que sur leur mise en jeu ; elle nous fait pénétrer dans le réel auquel elle demande de collaborer avec nous et de nous répondre. Les œuvres les plus personnelles sont toujours pour leur auteur à la fois une surprise et une révélation. Il ne croit se découvrir en elles que parce que grâce à elles il se constitue.

Il y a toujours entre l'homme et l'artiste une sorte de mariage secret. L'homme peut se sentir exilé dans le milieu où s'écoule sa vie quotidienne : mais l'art est pour lui la recherche d'une patrie spirituelle, ou, comme nous le disons aujourd'hui, de son véritable climat. Montaigne a beau dire « c'est autre chose le prêche que le prêcheur », on a beau hésiter, quand on cherche le véritable Verlaine, entre l'ange et le pourceau, les deux contraires sont plus solidaires qu'on ne croit ; ils cohabitent dans la même conscience. Le moi a souvent besoin de leur discorde pour s'accomplir. Il cherche toujours à atteindre son unité. Et il arrive que le désir le plus ardent d'une purification spirituelle soit nourri par le feu des passions les plus basses et qu'il laisse derrière lui les déchets les plus affreux.

L'art alors ne serait plus pour nous un simple divertissement. Il ne serait ni une évasion de la pensée dans le domaine du rêve, ni une activité de remplacement qui nous donnerait la revanche d'une vie manquée. Il y a même entre l'artiste et le rêveur une sorte d'opposition. C'est le rêveur qui fuit loin du réel et qui cherche dans l'oisiveté certaines complaisances faciles de l'imagination : sa main n'a pas la force de saisir l'outil ou le laisse retomber aussitôt. L'artiste au contraire, même le plus idéaliste, veut toucher le réel et nous le faire toucher ; la perception commune ne le contente pas, car elle ne retient des choses que leur aspect extérieur et ne lui révèle que leur usage. Mais lorsque le regard de l'artiste se pose sur leur surface, il lui donne aussitôt le mouvement et la vie : à travers cette surface, il s'établit une sorte d'osmose qui permet à leur essence secrète de se montrer au jour et à notre sensibilité de se porter au-devant d'elle. Entre les choses et nous, il se produit une communion. Nous jouissons de leur existence en devenant attentifs à leur présence pure. Mais l'artiste sait bien que, pour que cet effet puisse être atteint, pour qu'il puisse prendre possession des choses et faire corps avec elles, il faut que son activité les saisisse et parvienne en quelque sorte à les produire. Aussi la création artistique ne ressemble-t-elle pas à un jeu ; elle a toujours ce caractère de sérieux et d'effort, cette tension, cette impatience douloureuse, qui font que c'est la besogne quotidienne, quand nous la retrouvons, qui lui sert de relâche. Il n'y a point de joie comparable à celle qu'elle nous donne ; mais c'est une joie grave, que l'on ne s'expliquerait point si l'on ne pensait qu'elle nous permet d'obtenir une vision plus profonde du réel que notre vision de tous les jours.

N'est-ce pas dire que l'art possède nécessairement comme la vie elle-même une signification métaphysique ? Il n'y a point de thèse que M. Lalo combatte plus résolument ; et peut-être a-t-il raison de critiquer ces formules trop générales par lesquelles on a défini l'art : tantôt comme une traduction de l'idée, comme l'idée revêtant une forme sensible ; tantôt comme l'introduction dans la matière d'une vie qui viendrait animer et réduire tout ce qui pourrait subsister en elle d'insensible et d'inerte ; tantôt comme l'expression d'une liberté qui aurait surmonté toutes les contraintes que la résistance des choses ne cesse de lui opposer. M. Lalo entend se placer sur le terrain de la science ; il veut résoudre les problèmes d'esthétique par une méthode psycho-physiologique. Il exorcise l'idée de l'absolu : il dit même avec beaucoup de délicatesse que « le relativisme est la pudeur du philosophe ». Seulement le relatif où je vis est mon propre absolu. Et c'est pour cela que chacun de nous est métaphysicien sans le vouloir. Tout le monde s'accorde à condamner cette conception de la métaphysique, qui trouve crédit seulement chez ses adversaires, et d'après laquelle elle nous ferait aborder dans un monde mystérieux situé au-delà de toute expérience. Mais l'objet de la métaphysique, c'est au contraire d'essayer de saisir dans la conscience, au moment où elle s'engendre, cette activité qui nous permet de dire « moi » et de penser le monde en nous associant pour ainsi dire à sa création. N'est-ce point une telle activité que l'artiste met en œuvre ? N'est-ce point parce que pour lui le monde est sans cesse naissant qu'il doit naître sans cesse lui-même à une vie nouvelle ? Il faut donc juger de sa sincérité autrement qu'on ne le fait quelquefois : ce n'est pas son art, c'est sa vie qui nous le montre souvent infidèle à lui-même.

25 juin 1933.

IX. LANGAGE SCIENTIFIQUE ET LANGAGE LYRIQUE

Le langage est le corps de la pensée. Et il n'y a pas de pensée sans corps : elle n'est qu'une possibilité pure tant qu'elle ne s'est pas incarnée dans des mots. C'est par les mots non seulement qu'elle s'exprime et qu'elle s'éprouve, mais encore qu'elle se réalise et s'achève. Elle se cherche à travers eux, et l'on a bien tort de les considérer comme une monnaie usée, dans laquelle nous ne retrouvons jamais la richesse ou la délicatesse de nos états intérieurs, et qui les trahit toujours. Car ces mots qui sont passés dans tant de mains portent en eux les traces de tous les sentiments qu'ils ont déjà servi à traduire : nous n'en épuiserons jamais tout le sens. Il arrive qu'ils nous font dire plus que nous n'avons pensé ; et il existe des bonheurs d'expression qui portent notre esprit au-delà de ce qu'il avait lui-même trouvé, et qui le remplissent à la fois d'humilité et d'émerveillement. On a bien raison de se méfier des mots, qui restent quelquefois comme un corps sans âme ; mais c'est notre faute et non pas la leur : une vie était en eux, que nous n'avons pas su ranimer.

Le miracle de la pensée ne fait qu'un avec celui du langage. Et dans le langage nous discernons la triple fonction de la pensée qui se crée en se formulant, qui impose un signe à tous les objets qui sont dans le monde et nous en donne une sorte de possession familière, qui rompt enfin la solitude de notre conscience et jette entre autrui et nous un pont invisible, toujours rompu et toujours rétabli.

Dialogue avec soi, dialogue avec les choses, dialogue avec les autres êtres, est-ce là la définition de la pensée ou celle de la parole ? N'est-ce pas la pensée en action empruntant au corps l'appui le plus léger, le simple souffle de la respiration, afin de produire un monde nouveau, qui n'a de sens que pour elle, qu'elle ne cesse de faire et de défaire, qui recouvre le monde réel sans s'y assujettir, qui joue avec les objets du souvenir et du désir, et qui nous permet à la fois d'assurer entre le réel et nous la correspondance la plus mobile, et d'obtenir avec les autres êtres ces communications presque immatérielles où chacun, éprouvant ce qu'il a et ce qui lui manque, s'agrandit également de ce qu'il tire de son propre fonds et de toutes les suggestions qui lui sont apportées ?

Le mot, dit-on, n'est qu'un signe de la chose. Mais il n'y a de signe que pour celui qui pense la chose et qui, par conséquent, la spiritualise de quelque manière. Et le propre d'un signe, c'est d'être toujours un signal, c'est-à-dire un avertissement par lequel le rapport que nous avons d'abord avec les choses devient le moyen d'un rapport avec les personnes. Le langage nous découvre la véritable fonction de l'objet dans le monde : il est la voie d'accès qui permet à chaque esprit de franchir ses propres limites et de former une société avec les autres esprits. Pourquoi dit-on que la science est une langue bien faite, sinon parce qu'elle est un bien intellectuel qui est commun à toutes les consciences, qui dépasse leur propre subjectivité et sur lequel elles parviennent à s'accorder ? Et si le langage véritable ne se réalise que par le dialogue, comment ne pas voir que la méthode même de la philosophie ne peut être que la dialectique, puisque le lien que nous établissons entre les choses ou entre les idées est le même lien par lequel les différentes pensées

DEUXIÈME PARTIE

parviennent à se comprendre et à coopérer ?

Le langage est la pensée devenue sensible. Et il est impossible d'écrire sur le langage sans remonter jusqu'aux sources où elle naît. On le voit bien quand on considère des travaux d'inspiration aussi différente que ceux de M. Henri Delacroix, qui, après avoir écrit précisément il y a quelques années une étude d'ensemble sur *le Langage et la pensée*, la complète et la renouvelle aujourd'hui dans un petit livre plein d'observations intéressantes sur *l'Enfant et le langage* (Alcan), ou ceux de M. Pius Servien, tels que ces *Principes d'Esthétique* (Boivin) qui viennent de paraître, et dans lesquels il s'attache à distinguer deux formes différentes de langage, le langage lyrique et le langage scientifique, mais afin d'opérer une sorte de transcription du premier, qui nous paraît toujours si mystérieux, selon les procédés rigoureux qui n'appartiennent qu'au second.

*

Rien de plus instructif que d'étudier l'enfant quand il commence à parler. On saisit admirablement dans les essais informes du premier langage les relations d'une âme qui commence à s'ouvrir et d'un corps qui est pour elle à la fois une barrière et un instrument, d'un instinct par lequel l'être se trouve entraîné et d'une volonté qui déjà le dirige, d'un effort pour dominer les choses et pour communiquer avec les autres êtres. Au début, le cri fait partie des mouvements naturels de l'enfant, comme les différentes agitations de ses membres. Mais les cris deviennent peu à peu significatifs. Alors l'enfant les répète par plaisir, afin d'éprouver sa puissance sur lui-même et sur les autres êtres. Il s'amuse à crier pour s'entendre crier, pour occuper dans le monde une place plus vaste, pour attirer et retenir l'attention des personnes qui l'entourent. Tout en lui est spontanéité ; et il se livre avec joie à tous les essais par lesquels il exerce l'étonnante faculté qu'il a de créer des sons. Mais tout en lui est aussi docilité : car il ne cesse aussi de vous écouter afin de vous comprendre et de vous imiter. Il arrive même qu'il soit moins soucieux de répondre aux mots que vous lui dites que de faire effort pour les reproduire. C'est la rencontre de cette spontanéité et de cette docilité qui modèle peu à peu son langage et peut-être même sa vie tout entière.

La plus grande découverte que l'homme puisse faire, comme on le voit par l'exemple d'Helen Keller, l'aveugle sourde-muette à laquelle le monde se révèle peu à peu, c'est que les choses ont un nom. Alors seulement elles nous semblent acquérir une affinité avec nous, avec notre âme et avec notre corps. Tout devient pour nous idée, c'est-à-dire prend un sens pour notre esprit. Et notre corps peut disposer du mot alors qu'il ne peut pas encore disposer de la chose. Ce n'est donc pas une vaine illusion chez l'enfant de croire, dès qu'il peut nommer la chose, qu'il la connaît. Car le nom qui la désigne, c'est toujours une signification cachée ou possible ; c'est surtout un pouvoir qui lui est donné moins sur la chose elle-même, comme on le croit d'abord, que sur tous les hommes dont il était d'abord séparé et avec lesquels commencent des relations qui se multiplieront indéfiniment.

Là en effet est le centre du problème. Le langage est d'abord expressif. Il traduit l'émotion en même temps que la pensée. Il est donc une expression de soi, mais qui est créatrice de soi, et par laquelle ma vie secrète devient un objet à la fois pour moi-même et pour autrui. Par lui, je prends possession de mes puissances grâce à un exercice de ces puissances qui ne sont rien sans cet exercice même. Cependant elles ne s'éprouvent que dans leur contact avec les choses : et c'est le nom qui représente les choses. Mais, même alors, il n'est point un signe pur ; il est le mouvement par lequel j'appréhende la chose, par lequel j'épouse son contour et je m'associe à son élan, par lequel je tâche de reproduire l'ébranlement qu'elle produit en moi : il est résonance avant d'être son. En nommant tous les objets qui remplissent le monde, c'est moi-même aussi que je cherche et que je livre, dans les rapports si complexes et si variables que je soutiens avec tout ce qui est et qui forment la trame de mon émouvante destinée. Mais j'appelle du même coup tous les autres êtres en témoignage, comme si je ne pouvais me soutenir moi-même dans l'existence qu'avec leur assentiment, comme si j'avais besoin d'eux pour confirmer et éprouver ce que je suis, comme si ma vie elle-même ne parvenait à se réaliser que par cette communion avec tous, où chacun joue à l'égard des autres le rôle de médiateur spirituel.

Pourtant ces noms donnés aux choses, qui n'étaient d'abord que des instruments par lesquels la pensée parvenait, en s'exprimant, à vaincre son propre mystère, et à éveiller tous les individus au sentiment de la parenté et de la solidarité de leur vocation, retiendront bientôt exclusivement le regard de notre attention. Car les choses ont des frontières qu'il est facile de circonscrire ; et elles forment naturellement un système qui semble indépendant de nos états d'âme. Il se produit alors dans le langage un curieux renversement : il n'est plus qu'un moyen d'information par lequel j'apprends à reconnaître la présence même de ces choses et les caractères qui leur appartiennent. Alors que tout à l'heure rien ne nous intéressait que cette source intime et inépuisable d'une pensée et d'une émotion toujours renaissantes, qui venait animer les choses elles-mêmes et, par leur intermédiaire, réussissait à trouver un nouveau cours dans la conscience d'autrui, les choses maintenant acquièrent une sorte d'indépendance et de suffisance. C'est à elles que la pensée et le langage se subordonnent. Ce qui était instrument devient but : l'infinité de la pensée vivante, que l'on cherchait à suggérer plutôt qu'à traduire, se limite afin qu'on puisse l'enfermer dans un cadre et la définir : l'accord qui était toujours cherché et espéré avec les autres êtres, mais qui demeurait toujours en suspens, parce qu'il était trop complexe et trop fin pour être obtenu, est soumis à des règles précises : il n'est plus que le moyen par lequel nous vérifions que le nom correspond bien à la chose. Telle est précisément la racine de l'opposition entre le langage lyrique et le langage scientifique que M. Pius Servien a mise en valeur avec beaucoup de force et d'ingéniosité.

*

M. Pius Servien, dont Henri Brémond suivait avec tant de sympathie les curieuses recherches, considère les mathématiques et la poésie comme représentant les deux pôles opposés du langage. Dans chacune d'elles, il observe un effort analogue de purification : à ses yeux, la beauté la plus intense que permettent les mots ne se trouve que là. Il est très sévère pour ce langage intermédiaire qui cherche à introduire quelque littérature suspecte dans une matière scientifique, bien que les savants ne l'évitent pas toujours. Inversement, il ne pardonne pas à ceux qui prétendent utiliser le langage des sciences là où il ne peut recevoir aucune application, comme lorsqu'il s'agit de la pensée métaphysique et morale. Le *more geometrico* de l'Ethique est pour lui un leurre : Spinoza n'emprunte à la géométrie qu'un vêtement ; et son échec montre qu'il y a deux langages et non pas un, et que l'on ne substitue pas impunément l'un à l'autre.

Quels sont les caractères du langage des sciences ? Le plus simple est celui qui est indiqué par Pascal dans la formule célèbre : « Le nom imposé demeure dénué de tout autre sens, s'il en a, pour n'avoir plus que celui qu'on lui destine uniquement. » De là les définitions et les conventions qui se trouvent au début de toutes les sciences et par lesquelles on cherche d'abord à s'entendre sur l'objet même dont on parle. Car le sens d'un mot doit toujours être unique. Ce que l'on peut vérifier en se reportant à sa définition. Les hommes peuvent donc obtenir, en ce qui le concerne, un accord excluant toute ambiguïté. Aussi la langue scientifique, si on la prend dans sa pureté, est-elle la seule qui puisse devenir une langue universelle, comme on le voit dans la notation algébrique, ou chimique, dans les cartes géographiques ou les signaux maritimes. Mais si le propre d'un tel langage c'est d'exiger toujours une unité de sens, il faut remarquer, par contre, que cet unique sens peut recevoir une multiplicité d'expressions équivalentes : on peut toujours, par exemple, substituer au terme défini le contenu de sa définition, concevoir plusieurs définitions qui désignent le même objet, traduire un énoncé dans différentes langues sans l'altérer en aucune manière. C'est que les mots évoquent le sens sans faire corps avec lui : leur sonorité et leur rythme ne jouent ici aucun rôle. Le langage scientifique est donc semblable à un filtre qui ne laisse passer qu'une partie du langage total : il exclut tout ce qu'il y a dans celui-ci de subjectif ; ainsi, il ne laisse aucune place à l'impératif, à l'optatif ni au vocatif. Même si on n'accepte pas qu'il se réduise au langage des chiffres, il y tend.

Le langage lyrique est tout opposé. Il est même, selon M. Pius Servien, « transcendant » au langage scientifique, car ce qu'il essaie de représenter, c'est une réalité spirituelle qui est au-delà de toutes les formes définies. Il y a donc en lui nécessairement pluralité de sens, non seulement pour celui qui parle et pour celui qui écoute, mais pour chacun d'eux ; et cette pluralité n'est pas le signe d'une confusion qui nous obligerait à opter, mais d'une plénitude qui ne peut être embrassée que par degrés. Or, par un étrange paradoxe, maintenant que le sens est multiple, l'expression, à l'inverse de ce que l'on observe dans le langage scientifique, est unique et indélébile : elle est inséparable d'un rythme qui soutient tous ces sens dif-

DEUXIÈME PARTIE

férents, qui les ramasse dans une sorte d'équilibre parfait et fragile, mais tel que s'il est le moins du monde altéré ces sens s'écroulent tous à la fois. Dans le langage lyrique, il y a toujours un infini présent, non pas un infini analysable en éléments séparés comme celui de l'arithmétique, mais un infini qualitatif qui ne se laisse point monnayer. Ce qu'il essaie de rendre, ce sont toutes les nuances, tous les mouvements de la vie intérieure que le langage scientifique cherche précisément à éliminer, et qui introduisent dans les choses la présence même de la conscience qui les perçoit. Aussi un texte lyrique est-il toujours absolument intraduisible dans une autre langue : la traduction d'un poème est un beau rêve qui suppose une transposition, c'est-à-dire une invention nouvelle, mais qui échoue toujours et qui ne cesse jamais d'être recommencée. « Le plus admirable helléniste, dit M. Pius Servien, qui a passé sa vie à regarder vivre le passé, n'aura jamais de la moindre ligne due à un écrivain d'alors la compréhension que peut avoir d'Euclide, au moyen d'un médiocre dictionnaire, ou en jetant un regard sur une traduction quelconque, un géomètre de nos jours. » C'est que les nations ont la même science, mais n'ont pas la même âme.

Cette opposition apparaît avec une extrême clarté si on considère quelques exemples. Le mot « plaire » n'exprime pas un objet que l'on puisse définir comme le mot « cube ». « La notion exprimée par le premier est aussi profonde qu'un homme, qu'une race. Deux hommes peuvent s'entendre, au moyen de ce mot, et ne pas s'entendre », tandis que le mot cube a le même sens pour tous. On définit exactement une sphère en disant : « C'est une figure dont toute section est un cercle » ; mais personne ne regardera comme univoque la définition que Leibniz propose de l'amour : « Aimer, c'est trouver du plaisir dans la félicité d'autrui. » Les deux mots est et orient peuvent être substitués l'un à l'autre par le savant, mais non point par le poète, comme on le voit en songeant à ce vers :

Dans l'Orient désert quel devint mon ennui !

De même, « la mer est pour le savant une couche fluide posée superficiellement sur le globe et gonflée périodiquement par l'attraction newtonienne » ; mais quand je parle de la mer à un ami, « nous avons beau en faire au coin du feu des histoires de voyageurs », des souvenirs mouvants traversent toujours notre récit, et l'une de ces deux mers me sera toujours inconnue, mon ami ne verra jamais l'autre.

Or, M. Pius Servien est l'auteur d'une tentative singulièrement originale, par laquelle, en laissant à chacune des formes du langage son caractère irréductible, il entreprend de montrer que le langage lyrique est lui-même objet de science, que cette science est la science des rythmes et que tous les rythmes sont susceptibles d'une représentation numérique qu'on peut faire correspondre à la diversité des formes poétiques et, d'une manière plus générale, à la diversité des formes qui nous plaisent [1]. Il a donné de cette méthode des applications différentes à la musique d'abord, à la langue française ensuite, dans laquelle il montre que la distinction classique entre les vers et la prose est moins profonde qu'on ne croit, enfin à la métrique dorienne. Il a fait un usage ingénieux de ce principe de Curie que « la dissymétrie est la condition du phénomène et la symétrie de sa cessation » pour montrer que l'art est toujours un déséquilibre qui s'apaise. Et l'on comprend que M. Paul Valéry ait pu lui dire : « Vous avez fait la tentative la plus intéressante et la plus hardie que l'on ait faite à ma connaissance pour capturer l'Hydre poétique. » Mais l'Hydre reste l'Hydre, comme on le voit dans cette subtile *Introduction à une manière d'être* (Boivin) où l'on désirerait parfois un style plus sobre et plus nu, mais où l'on retrouve en même temps maintes formules dans lesquelles M. Valéry consentirait sans doute à se reconnaître : « Comprendre, c'est aller où l'on veut sans se perdre. Je chante un hymne à la lucidité. Le monde est splendide, mais il croule si une pensée ne le soutient. »

5 mai 1935.

X. PHILOSOPHIE ET POÉSIE

Dans *Variété III*, dans les différentes *Pièces sur l'art*, dans la préface de l'*Anthologie des poètes de la « Nouvelle Revue française »* (N.R.F.), M. Paul Valéry reprend sous les formes les plus différentes, avec une acuité et une lucidité impitoyables, l'examen de l'activité créatrice, de ses rapports avec la conscience qui l'éclaire et avec l'œuvre qu'elle produit : il ne cesse ainsi de nous inviter à

1 *Les rythmes comme introduction physique à l'esthétique* (Boivin).

une méditation sur les connexions de l'art, de la poésie et de la philosophie, qui doit nous permettre de saisir dans ses démarches les plus désintéressées l'essence même de l'esprit et, pour ainsi dire, son exercice pur.

Il y a entre la philosophie et la poésie une affinité secrète et une secrète hostilité. On le voit bien par l'exemple de M. Paul Valéry lui-même que la philosophie attire et qui la crible de flèches, qui cherche à obtenir la conscience la plus distincte de soi, qui est toujours attentif à penser et à gouverner sa propre création, et qui s'entend à mesurer avec l'exactitude la plus sévère la distance qui sépare l'idée de la chose et le vouloir du pouvoir, ce qui est peut-être l'objet essentiel de toute réflexion philosophique ; mais qui regarde pourtant la philosophie comme un jeu décevant, où l'on promet plus que l'on ne tient, où l'on ignore ces contraintes si rigoureuses et ces artifices si précis qui permettent au savant de mener la pensée jusqu'à la rencontre du réel, au poète de faire coïncider un pur délice de l'oreille avec un délice de l'esprit.

Mais les ennemis de la philosophie ont beau jeu, puisque la philosophie ne peut jamais donner la même satisfaction intellectuelle que la science, ni la même satisfaction sensible que la poésie : c'est même un reproche qu'on lui fait, mais qui montre qu'elle perdrait son véritable objet si elle venait se confondre soit avec l'une soit avec l'autre. Et pourtant nous savons bien qu'il n'y a pour aucun être humain de problème plus émouvant que le problème de sa destinée dans le monde, ce qui est proprement le problème philosophique : il semble même que la science et la poésie ne retiennent et ne captivent notre intérêt que dans la mesure où elles nous ouvrent sur lui quelque nouvelle échappée.

L'art et la poésie, que l'on rapproche toujours, sont d'abord deux opposés dont l'opposition doit se convertir en une harmonie où on ne les distingue plus. Le propre de l'art, c'est d'évoquer des moyens et même, au sens strict, des *procédés* dont le vouloir dispose toujours, par lesquels il domine la matière, obtient qu'elle se prête à ses desseins et reçoive la figure qu'il lui a prescrite ; au lieu que la poésie ressemble toujours à une grâce qui surpasse le vouloir, et qui fait qu'elle fuit dès qu'il cherche à la saisir. C'est pour la même raison que là où l'art apparaît l'homme jouit de son activité propre, de l'ordre qu'il introduit lui-même dans les choses, de la subordination à sa pensée d'une réalité qui tout à l'heure lui résistait, et qui maintenant semble la servir. Dans l'art rien ne dépasse l'homme, qui devient le maître de son objet et le créateur de sa propre émotion. Mais peut-il en être ainsi de la poésie ? La poésie commence au moment où se produit la première défaite du vouloir, où le rapport entre ce que nous nous étions proposé et ce qui nous est donné change de signe, où il nous est apporté plus que nous n'avions attendu ou même espéré, où le regard, au lieu de se poser sur l'objet et de s'en emparer, semble le traverser afin de pénétrer dans un monde invisible par lequel il se laisse *ravir*. La joie que nous donne l'art, c'est de vaincre ; et la joie que nous donne la poésie, c'est d'être vaincu.

Pourtant cette opposition n'est pas décisive. Elle exprime entre l'art et la poésie une parenté plus subtile et plus mystérieuse. Le langage n'a pas tort de faire du poète un créateur, ni de ranger la poésie parmi les arts : peut-être même est-elle l'art majeur. En revanche, bien que le mot art désigne toujours une activité consciente et soucieuse des moyens qu'elle emploie et du but qu'elle vise, c'est un défaut pourtant qu'il se montre trop : le sommet de l'art est de se faire oublier. C'est au point même où il expire que la poésie paraît, et il n'y a sans doute pas une seule émotion esthétique qui n'enveloppe quelque poésie.

Dès lors, nous nous trouvons ici en présence d'un problème qui n'intéresse pas seulement l'activité artistique, mais l'activité humaine tout entière. Car nous ne pouvons rien entreprendre que par notre volonté : mais elle cherche toujours, à travers de multiples efforts et par une série de retouches, à produire un ouvrage qui porte en lui la trace de tous les mouvements que nous avons accomplis, mais qui les surpasse infiniment, qui substitue au labeur de l'exécution l'aisance de la possession, et qui ressemble maintenant à un don que nous venons de recevoir. Or, s'il n'est rien donné qu'à celui qui l'a mérité, ce qui lui est donné ne correspond jamais exactement à son mérite. Tantôt nous voyons beaucoup de peine consumée pour peu de fruit, tantôt le succès va au-delà de tout ce qu'on avait prévu et concerté, de telle sorte que nous l'attribuons à une rencontre de hasard, ou à un secours surnaturel. Personne ne peut mettre en doute que tout le mystère de la vie réside précisément dans la proportion qui s'établit entre ce que nous faisons et ce que nous recevons, entre la fin que nous cherchons à atteindre avec toutes les ressources de notre conscience, avec toute la contention de notre volonté, et la fin que nous obtenons : mais celle-ci dépend des choses autant que de nous, de notre bonheur autant que de notre effort ; et chacune de nos démarches, si précise qu'elle soit, ressemble à une sollicitation que nous adressons au réel, qui n'y répond pas toujours et jamais tout à fait comme nous l'entendions. Nous ne pouvons éviter de penser pourtant qu'il existe une subtile correspondance entre tous ces essais sans cesse repris et qui mettent en jeu nos facultés les plus nobles, et le succès qui les récompense ; découvrir le secret de cette correspondance, ce serait remplir l'intervalle qui sépare le monde tel que nous le voulons du monde tel qu'il nous est donné, ce serait percer l'énigme de notre vie et mettre entre nos mains le gouvernement de notre destinée.

L'art du poète consiste à éveiller dans sa conscience tout un monde de possibilités jusqu'au moment où, parmi elles, il reconnaît et appréhende celle qui, en prenant un corps, deviendra susceptible de l'émouvoir. Le prélude de la création consiste dans cette évocation de possibles qui est d'abord confuse et indéterminée, comme l'est toute matière, avant que l'esprit l'ait soumise à sa loi : tout lui est bon, les rencontres fortuites de l'attention, le jeu oscillant des images, ou ces essais de combinaisons que la pensée ne cesse de faire et de défaire en cherchant à devancer en elles le jugement qu'elles doivent contenter et qui le plus souvent les rejette avant qu'elles soient formées. En réalité, nous avons affaire ici aux rapports les plus complexes entre l'activité et la passivité de la conscience : comme tous les hommes le poète cherche à régler son activité de manière à produire certains effets sur sa sensibilité, c'est-à-dire sur sa passivité ; son ambition, comme la leur, est de les rapprocher jusqu'à les fondre.

Mais l'esprit est tout entier activité : et c'est dans les sciences de la grandeur que cette activité s'exerce avec le plus de liberté ; par le seul mouvement du point dans l'espace, par la seule composition de l'unité avec elle-même, il engendre des objets parfaits et dont la nécessité ne fait qu'un avec l'opération même qui les a construits. Ce ne sont point encore là les objets que nous voyons, bien qu'ils en soient en quelque sorte l'armature et que, par cet intermédiaire, nous ayons prise sur eux. Mais les émotions de l'âme sont-elles d'une autre nature et l'intelligence est-elle sans ressources en ce qui les concerne ? Ou bien la réflexion sur la poésie nous conduira-t-elle à découvrir en quelque sorte les mathématiques de la sensibilité ?

Lorsque l'émotion envahit la conscience, celle-ci reçoit un tel ébranlement qu'elle imagine avoir quitté l'abstraction et jouir tout à coup de la présence même du réel. Mais quel est ce réel qui occupe maintenant en elle toute la place, qu'elle ne fait que subir et dont on ne peut dire ni qu'elle le possède ni qu'elle en dispose ? M. Valéry a raison de ne point laisser créer un divorce entre la puissance de penser et celle d'être affecté. Il voit admirablement que l'unité de la conscience ne peut point être rompue, qu'il n'y a rien qui puisse lui être donné et qu'elle ne soit obligée de se donner à elle-même par un acte dont l'initiative ne cesse de lui appartenir. Il n'y a point d'émotion dans laquelle nous ne puissions reconnaître un ordre qui l'explique, qui déjà la maîtrise et nous situe au-dessus d'elle. On comprend dès lors que cet ordre même mette entre nos mains un moyen de la reproduire et par conséquent de choisir entre différentes émotions possibles, et de gouverner pour ainsi dire leur suite.

Tel est précisément le rôle de l'art. Il est une activité intellectuelle et volontaire qui si elle emprunte tout au hasard ne s'en remet jamais à lui. Elle ne cesse elle-même de tenter quelques combinaisons dont elle escompte un nouveau plaisir : dans toutes celles qu'elle trouve dans son chemin et qui paraissent s'offrir à elle, il faut qu'elle introduise les exigences de son propre jeu avant de les adopter et de les reconnaître comme siennes. Et elle ne donne jamais un consentement qu'elle n'ait elle-même délibéré. Elle est l'opération de cette raison qui est l'homme même, puisque là où elle abdique, là où elle cesse de juger et de décider, nous sommes arrachés à nous-mêmes et que nous devenons la proie de toutes les impulsions, de tous les désordres et de tous les délires. Seuls ont toujours médit de la raison ceux qui manquaient de courage pour la mettre en œuvre.

Seulement l'émotion que l'artiste cherche à produire n'est point un écho fidèle de l'acte qui la cherche et qui l'appelle. Au moment où l'acte s'achève dans un objet dont le rôle n'est plus que d'être contemplé et de nous émouvoir, nous n'appréhendons pas seule-

DEUXIÈME PARTIE

ment dans cet objet même l'acte qui l'a créé, réduit à une forme parfaite et pour ainsi dire immobilisée. Sans doute un esprit libre et maître de lui éprouve toujours une certaine honte à se laisser surprendre par une émotion qu'il n'a pas lui-même prévue et jusqu'à un certain point préparée et dirigée : pourtant il n'y a point de créateur si conscient, ni si soucieux de régler ses mouvements intérieurs plutôt que de les subir, qui ne connaisse une sorte de tremblement au moment de la conversion de cette possibilité qu'il portait en lui, et qui tenait de lui le peu d'être qu'elle avait, en une réalité qui subsiste maintenant devant lui, et que tout le monde est capable de saisir : en présence de cette création, qui pourtant est la sienne, il éprouve lui-même le sentiment d'une sorte de ré- vélation. C'est cette distance entre ce qu'il a voulu et ce qu'il a fait qui accrédite encore aujourd'hui le terme d'inspiration. Or, cette analyse nous montre assez clairement que l'activité que nous exer- çons, si réfléchie qu'elle soit, ne possède point d'avance ce qu'elle cherche. Elle utilise toutes les ressources de la technique, mais la technique ne lui suffit pas ; elle ne produirait que des ouvrages abstraits susceptibles de se répéter indéfiniment comme les opé- rations de l'arithmétique, comme les produits de nos machines et comme nos machines elles-mêmes. L'activité de l'esprit passe tous les concepts : elle entre dans le secret du réel et cherche avec lui une sorte de complicité ; elle postule entre le réel et lui une en- tente mystérieuse ; elle commence sans doute par vouloir le do- miner et le réduire à sa loi, mais cela ne la contente pas, bien que ce soit là le stade où le savant accepte de demeurer. Elle n'éprouve une réelle satisfaction que si le réel lui répond et si elle entend sa réponse. Alors le plaisir qu'elle sent est bien le plaisir qu'elle s'est donné par son pur exercice, mais qui va pourtant au-delà de cet exercice même : c'est un plaisir que nous avons tout fait pour mé- riter, mais dont nous devons demander pourtant qu'il nous soit accordé. C'est pour cela qu'il se présente sous une forme sensible, qu'il y a en lui cette subtilité et cette complexité sans mesure qui le rendent rebelle à toute analyse : c'est pour cela que celui-là même est capable de le goûter qui est impuissant à le faire naître. C'est le point de coïncidence entre la sensibilité et la volonté, c'est-à-dire entre notre passivité et notre activité, qui constitue l'essence même du plaisir poétique.

On ne saurait méconnaître que le poète parvient ainsi à réaliser et à nous faire sentir cette rencontre entre l'infini et le fini, entre l'univers et nous, qui est l'objet même de la réflexion philosophique. La philosophie cherche seulement à l'expliquer ; et c'est pour cela qu'elle ressemble davantage à la science ou à la critique, du moins dans la méthode qu'elle emploie, et qui est toujours laborieuse comme une discussion prosodique ; mais elle ne peut obtenir aucune réussite sans produire dans notre âme une émotion poétique. Elle y parviendrait mieux encore si les philosophes ne croyaient pas souvent avoir tout dit quand ils ont démembré l'activité et qu'ils ont réduit ses opérations à une sorte de jeu schématique ; mais au moment où ces opérations parviennent à nous donner la présence même du réel, l'analyse cesse et la suggestion commence. Ainsi chez les plus grands des philosophes, chez Platon, chez Malebranche, chez Schelling et chez M. Bergson, on observe à la fois une recherche de la plus exacte rigueur dialectique et la création en même temps d'une atmosphère spirituelle par laquelle cette rigueur se trouve dépassée et fondue : à ce moment, chaque conscience croit percevoir l'écho personnel d'une présence indéfinissable qu'elle n'épuise jamais.

Mais que les philosophes, dira-t-on, s'ils ne pensent point que la science suffise et ne veulent point que la philosophie s'y réduise, l'abandonnent donc et deviennent poètes. Que la philosophie cesse ainsi d'être ce sphinx à deux visages tournés l'un vers la connaissance positive, l'autre vers l'ivresse maîtrisée de la création poétique, qui sont condamnés le plus souvent à s'ignorer et à se repousser, et qui ne peuvent se souder l'un à l'autre que dans un corps monstrueux. Mais les philosophes cèdent, comme les savants et comme les poètes, à une vocation d'une irrésistible nécessité : ils tirent de leur méditation une joie que beaucoup d'hommes trouvent illusoire et stérile, mais qui est pour eux irremplaçable ; ils sont eux aussi la victime d'un « charme » qui enchante l'univers comme il les enchante eux-mêmes. Ils peuvent être enveloppés par le vulgaire dans la même indifférence et le même mépris que les poètes : mais ils poursuivent le même objet, c'est-à-dire cet exercice désintéressé de l'activité de l'esprit, que l'on considère parfois comme un simple jeu, mais qui constitue peut-être la fin essentielle de notre vie, et à laquelle la satisfaction de nos besoins élémentaires est destinée seulement à servir de support.

M. Paul Valéry sent bien que c'est à une entreprise philosophique qu'il se livre lorsqu'il réfléchit sur les conditions mêmes de l'œuvre poétique, lorsqu'il essaie d'accroître la conscience distincte que nous prenons de nos propres opérations et de leur accord mystérieux avec le plaisir même qu'elles nous donnent. Qu'il nous pardonne de penser que cette ambition, le philosophe l'étend à tous les domaines : car tous les problèmes philosophiques peuvent se ramener à la théorie de la connaissance et à la théorie de l'action. Or, qu'est-ce que la connaissance, sinon la concordance du concept, c'est-à-dire d'un acte accompli par l'entendement, avec une donnée sensible qu'il cherche à étreindre, mais qui le surpasse toujours ? Qu'est-ce que l'action si nous la considérons dans le principe qui la justifie, et qui est non pas le succès, mais la valeur, sinon une intention qui se réalise ? Et tous les problèmes qu'elle pose ne résident-ils pas dans le rapport qui s'établit entre cette intention elle-même et le changement qu'elle introduit à la fois en nous-même et dans le monde, c'est-à-dire entre ce que nous avons voulu et ce que nous avons obtenu ? Le mérite de M. Valéry, c'est de nous rendre attentif, par une réflexion tournée non pas, comme celle du critique, vers l'œuvre déjà faite, mais vers l'œuvre en train de se faire, et sur son propre exemple, qui est admirable, à ce drame constant de l'existence où la volonté lucide risque sans cesse de nouvelles tentatives pour produire des effets qui souvent la déçoivent et parfois réussissent à la combler. Le moi réside tout entier dans cet intervalle, entre le propos et l'événement qui suscite toutes nos puissances, qui s'accompagne toujours d'anxiété, et qui lorsqu'il est rempli produit en nous la joie d'un émerveillement. Comment cet intervalle se creuse-t-il ? Comment réussissons-nous à l'abolir ? Nul ne cesse jamais de se poser ces problèmes. M. Paul Valéry se contente de penser que c'est là le miracle de l'esprit, qui s'empare du hasard et le discipline : cette opinion ne va point sans un certain désespoir, que la hardiesse de la philosophie est précisément de chercher à surmonter. Mais pour cela il faut admettre qu'il y a entre l'esprit et le réel une parenté secrète, et que le désaccord qui les sépare n'est là que pour permettre à l'esprit de retrouver un ordre caché et qui ne peut se livrer qu'à celui qui est capable d'y collaborer, c'est-à-dire au prix d'une victoire qu'il remporte à chaque instant sur le chaos de l'immédiat.

26 juillet 1936.

TROISIÈME PARTIE

I. L'ACTUALITÉ DE LA MÉTAPHYSIQUE

Chacun de nous éprouve le sentiment très vif qu'il est impossible de distinguer entre la philosophie et la métaphysique. À peine consentons-nous à reconnaître que le mot de philosophie a un sens plus large, qu'il suggère une certaine manière de considérer l'univers, une *Weltanschauung*, comme le disent les Allemands, qui a pour effet une certaine manière de vivre, au lieu que le mot métaphysique a un sens plus étroit, et désigne un savoir théorique, la connaissance de l'être absolu et de sa relation avec le monde que nous avons sous les yeux. De là aussi la méfiance et même l'hostilité dont la métaphysique a toujours été l'objet : car si, comme l'étymologie semble le confirmer, la réalité métaphysique réside au-delà de celle qui nous est donnée, comment alors ne pas craindre que l'esprit ne dispose d'aucun moyen pour la saisir ; que ce qu'il prend pour elle, ce soient les constructions téméraires de son activité solitaire, des fruits stériles de l'imagination ou de l'abstraction ; et que, au moment où il croit tenir l'absolu, il n'ait encore affaire qu'à lui-même et aux illusions de son propre jeu ? Il est, dira-t-on, comme l'araignée qui tire toute sa toile de sa seule substance : la métaphysique n'a ni moins de subtilité, ni moins de fragilité.

Pourtant la réflexion métaphysique exprime l'ambition la plus profonde de la conscience humaine, à laquelle celle-ci ne saurait renoncer sans se renoncer elle-même : aussi voit-on qu'aucun échec ne la décourage. Car elle seule peut donner une nourriture à notre pensée et une signification à notre vie. Celui-là même qui ne croit pas qu'il y ait un autre monde que le monde qu'il voit et qu'il touche fait de ce monde un absolu : et sa métaphysique est le matérialisme. Celui qui pense que les apparences ne peuvent le contenter et qu'elles cachent un mystère spirituel que son intelligence est incapable de découvrir se confie à la religion, qui en garde le dépôt. Mais aucune religion ne se passe d'une théologie.

Et qu'est-ce que la théologie sinon la métaphysique elle-même en tant qu'elle interprète le dogme et explicite la révélation ? C'est que nul homme ne peut éviter cette référence à l'absolu sans laquelle sa connaissance ne serait qu'une fantasmagorie et sa conduite qu'une gesticulation. Aussi demandons-nous que la foi nous la donne, si la raison n'y peut suffire. La pensée de l'absolu ne fait qu'un avec le sérieux même de la vie, d'une vie dont chacun des moments engage notre destinée en l'acheminant vers la mort qui l'achève, mais qui l'accomplit. Et la vie elle-même n'a de sens qu'à condition que nous puissions la consacrer à une fin qui la dépasse et à laquelle nous acceptons toujours de la sacrifier.

Aussi peut-on dire que l'intérêt ou l'indifférence que l'on éprouve pour la métaphysique ne mesure pas seulement l'étiage de la pensée philosophique à une époque donnée, mais encore la valeur accordée à l'existence, la profondeur du regard qui la juge, le courage qui en assume la responsabilité. Les périodes de lassitude et de désabusement correspondent toujours, dans l'histoire de l'humanité et dans celle de l'individu, à des périodes de scepticisme et, si l'on prend ce mot dans un sens un peu gros, à des périodes de relativisme. Il n'y a point de renaissance spirituelle au contraire qui ne soit aussi une renaissance métaphysique ou religieuse dans laquelle l'humanité reprend confiance dans ses propres forces en les enracinant dans l'absolu, au lieu de les en détacher et de rester livrée à elle-même, dans la conscience de son isolement et de sa misère. Quelle erreur de penser que ce contact permanent de l'homme avec l'absolu puisse l'éloigner du monde où il est appelé à vivre, et l'incliner à négliger sa tâche quotidienne ! Lui seul, au contraire, peut produire ce véritable « positivisme » qui, bien loin de regarder le réel comme formé d'apparences qui ne cessent de surgir et de s'évanouir, donne à chacune d'elles un relief et une épaisseur, et nous oblige à reconnaître dans toute chose, même la plus fragile, l'expression à son rang d'un ordre spirituel sur lequel il nous appartient de veiller, à écouter dans toute action, même la plus humble, cette sorte de retentissement qu'elle produit au fond de nous-mêmes et qui marque, si l'on peut dire, le poids qu'elle a dans l'éternité.

Déjà avant la guerre nous savions que la métaphysique était pour les jeunes générations un objet de suprême intérêt et que toutes les autres recherches n'étaient plus classées que selon la manière même dont elles pouvaient nourrir cet intérêt ou le satisfaire. Les générations précédentes qui avaient été élevées dans d'autres méthodes, et pour lesquelles, il faut le dire, la probité de l'esprit était de ne jamais dépasser le fait tel qu'il nous était donné, considéraient ce changement avec une sorte de surprise à laquelle se mêlait à la fois de la curiosité et un regret peut-être de n'y pouvoir plus participer. Les signes d'une telle renaissance ne cessaient pourtant de se multiplier ; à la honte qui pesait autrefois sur la moindre incursion dans ce domaine interdit, se substituait par degrés une sorte de goût aventureux, dont on pouvait craindre qu'il ne se changeât en une mode nouvelle, si l'on ne s'était aperçu que c'était comme un retour de la pensée non pas seulement à sa tradition la plus classique, mais à des sources intérieures d'inspiration qui ne s'étaient jamais taries.

On en trouvera, s'il en était besoin, la confirmation dans le petit livre un peu singulier de M. Masson-Oursel intitulé *le Fait métaphysique* (Alcan), et qui marque assez bien cette conversion que l'on voit s'opérer dans un grand nombre d'esprits de l'empirisme à la métaphysique : le mot même de *fait* marque ici la jointure des deux époques. Car si la métaphysique prétend aller au-delà de tous les faits, elle est elle-même un fait dont l'empirisme doit tenir compte. Elle l'est même doublement, comme le montrent à la fois le témoignage de l'histoire de la pensée humaine qui, sous son double aspect philosophique et religieux, peut être définie comme la recherche même de l'absolu, et le témoignage constant de chaque conscience, qui non seulement se porte vers lui de tout son élan, au risque de le confondre avec tout objet privilégié de son attachement, mais le suppose encore au moment où elle parle du relatif, soit que ce relatif l'appelle pour le soutenir, soit qu'en prétendant se suffire il en tienne lui-même la place. Il est remarquable que M. Masson-Oursel, qui a étudié particulièrement les philosophies orientales, réussisse à retrouver dans la pensée de l'Inde et de la Chine les traits fondamentaux de l'exigence métaphysique que l'on observe dans l'âme contemporaine : ce qui montre assez clairement que le fait métaphysique n'est pas seulement un fait historique, en rapport avec les vicissitudes de la civilisation, mais dans l'homme même, le fait de son existence dès que la conscience s'interroge sur son sens et sur sa portée.

On admet généralement que le propre de la métaphysique c'est, dans sa quête de l'absolu, de nous obliger à chercher ce qui est derrière ce qui apparaît. Telle est déjà la fonction de la réflexion, par opposition à celle des sens : les sens se bornent à nous présenter l'apparence des choses ; la réflexion s'applique à cette apparence et se demande si elle n'est point illusoire. Peut-être peut-on aller jusqu'à dire que la pensée commence au moment même où nous inventons ce mot d'apparence, où nous soupçonnons ce qui se montre de ne point être identique à ce qui est. Toute métaphysique introduit dans le monde un tel dualisme, faute duquel elle s'écroule, même la métaphysique moniste, qui n'est qu'un dualisme posé, puis surmonté. Mais on ne distingue ici deux termes que pour déclarer du même coup que leur valeur est inégale : dire d'une chose qu'elle est une apparence ou qu'elle n'est qu'une apparence, c'est moins encore la refouler dans le non-être, car il faut bien qu'elle soit de quelque manière, au moins comme apparence, que la disqualifier, ou lui retirer sa valeur. L'*être* au contraire, au moins quand on l'oppose à l'*apparaître*, possède pour nous une plénitude qui montre assez bien qu'on ne peut rien demander au-delà, c'est-à-dire qu'il comble toutes les aspirations de la conscience. C'est donc la valeur qui est sa marque propre et qui permet de le reconnaître. Aussi voit-on que le mot être est toujours employé dans un sens laudatif, et c'est pour cela qu'il y a un accord remarquable entre les théologiens et des métaphysiciens d'une inspiration tout opposée, comme Spinoza, pour soutenir que Dieu seul mérite le nom d'être. Dès lors la métaphysique cesse d'incliner, comme on le croit souvent, vers un idéalisme dont on mesure les dangers quand on pense qu'en opposant au réel un idéal dont nous cherchons toujours à nous approcher sans jamais l'atteindre il risque à la fois de rabaisser le réel en le regardant comme indifférent ou hostile à la valeur, et de déconsidérer l'idéal en le regardant comme le but chimérique de tous nos efforts : elle s'oriente toujours vers un *réalisme spiritualiste* qui, identifiant l'esprit avec la valeur suprême, en fait le cœur même du réel, dont il faut veiller à ne jamais s'éloigner par les défaillances de la pensée et du vouloir.

La métaphysique ne nous enseigne pas seulement que la chose que nous voyons et que nous touchons n'est qu'une apparence pour le regard : elle nous apprend aussi que l'être véritable est intérieur à lui-même et capable de se suffire : il existe en soi avant d'exister pour un autre. Ainsi, mon être propre est une activité que j'exerce et dont on peut dire qu'elle est un absolu parce qu'elle n'est elle-même l'apparence de rien. Je suis là où j'agis d'une action personnelle et qui m'engage, et non point dans ce corps que je vous montre et qui est mon apparence pour vous-même et pour moi. Cet acte que j'accomplis fonde mon existence, je ne saurais en avoir d'autre. Et si l'on veut que tout acte qui vient de moi se réalise dans le temps, le rôle du temps n'est pas de me permettre d'assister à mon propre devenir, mais de me permettre de le faire. « Etre, c'est se faire être. » Je sais bien d'ailleurs que l'activité que je mets en jeu n'est pas souveraine et toute-puissante : je ne fais qu'y participer ; elle me dépasse, mais j'en dispose ; je la reçois, mais afin de la mettre en œuvre. Je n'en ai que l'usage. De même que mon corps n'est qu'une partie de l'immense univers, en corrélation avec toutes les autres parties qui le soutiennent et lui donnent la vie, mais qui lui laissent pourtant l'initiative de ses mouvements propres, de même la moindre opération que je fais, et qui dépend de ma liberté seule, capte et divise cette immense opération par laquelle le monde se fait et dont je suis moi-même d'une certaine manière le véhicule et l'instrument. L'objet ne nous introduit jamais que dans le monde de la relativité et du phénomène ; l'acte dans le monde de l'absolu, ou de l'être.

On comprend facilement maintenant comment la métaphysique pourra se développer : tout d'abord il y a une expérience métaphysique qui est, par opposition à l'expérience de l'objet donné, l'expérience de notre activité en train de s'exercer, et, si l'on peut dire, une expérience de conscience par opposition à toute expérience de connaissance. Aussi semble-t-il que toutes les objections que l'on peut diriger contre la métaphysique se réduisent à celle-ci, comme on le voit aussi bien dans le positivisme que dans le kantisme : c'est qu'une telle expérience est impossible, parce qu'il n'y a d'autre expérience que celle d'un objet. Pourtant, c'est là sans doute l'expérience que nous prenons à chaque instant de la vie, dès qu'elle atteint un certain degré de lucidité et de profondeur. D'autre part, on remarquera que, dans cette conscience que nous avons de nous-même, notre activité propre ne subsiste jamais isolément. Elle est toujours en rapport avec une source infinie où elle puise,

122

qui lui demeure toujours présente et qui ne cesse de la régénérer. Bien que l'amour-propre sur ce point cherche toujours à nous faire illusion, nous ne tenons de nous-même ni la force spirituelle qui nous anime, bien que nous puissions lui demeurer rebelle, ni la lumière qui nous éclaire, bien que nous prenions plaisir souvent à nous aveugler. Dès lors le propre de la métaphysique sera d'étudier les relations intérieures de notre âme avec la totalité de l'activité spirituelle comme le propre de la science est d'étudier les relations extérieures de notre corps et de la totalité du monde matériel.

On parviendra à comprendre alors cette inépuisable variété d'êtres et de choses qui forment pour nous le miracle même de la création ; la science ne peut atteindre des autres êtres que leurs corps. Mais c'est par un acte de foi comparable à la foi en Dieu que derrière un autre corps que je vois, je pose l'existence d'un moi invisible comparable à mon propre moi et avec lequel j'entretiens des relations spirituelles, toutes différentes de celles que j'ai avec les choses. Il faut pour cela que chaque être qui peut dire « moi » participe comme moi à une vie qui nous dépasse, mais qui nous est commune, qui ne cesse de nous être offerte, qui ne devient nôtre que selon l'effet de nos mérites et grâce à cette sorte de mutuelle médiation qui nous rend solidaires les uns des autres.

De même, dans les choses, la science ne retient que l'apparence qu'elles nous montrent et non point leur signification qui est de permettre qu'elles deviennent les témoins de notre activité, qu'elles en marquent les limites, qu'elles en soient les instruments et les effets, sans oublier que c'est par elles que les consciences sont séparées, et par elles aussi qu'elles communiquent.

Le propre de la métaphysique, c'est donc de retrouver le sens intérieur de l'univers et de la vie. Elle donne à chacune de nos actions sa gravité et sa valeur. Sans elle, « tout n'est que vanité ». Il n'y a rien dans le monde qui mérite d'être connu, préféré, aimé, ni voulu. Nous restons à la surface des choses, mais cette surface n'est la surface de rien. La métaphysique, c'est la profondeur du réel de nouveau découverte et dans laquelle nous engageons notre pensée, notre volonté et notre vie tout entière. Sans doute la métaphysique est-elle une recherche théorique, et même dialectique, dans laquelle il nous appartient de montrer quels sont les différents moyens par lesquels les êtres particuliers fondent leur existence séparée et pourtant la dépassent, et ne paraissent se détacher de l'absolu que pour s'y inscrire eux-mêmes par un acte que nul ne peut accomplir à leur place. On ne dissimulera pas que cette recherche est sévère, sa difficulté est celle de ces choses belles qui ne commencent à nous émouvoir qu'au moment où il semble qu'elles éclairent tout à coup le problème de notre destinée. Or ici c'est bien de notre destinée qu'il s'agit en tant qu'il dépend de nous non seulement de la comprendre, mais de la produire, au lieu de la subir.

25-26 octobre 1941.

II. LE VERBE « ÊTRE »

Tout le monde connaît la déclaration célèbre de la *Profession de foi du vicaire savoyard* : « Selon moi, dit Rousseau, la faculté distinctive de l'être intelligent, c'est de pouvoir donner un sens à ce petit mot *est*. » Et nul ne met en doute, semble-t-il, que le propre de notre esprit ne soit de chercher à atteindre l'être derrière les apparences qui le dissimulent : tous nos jugements paraîtraient singulièrement frivoles s'ils n'avaient pas pour objet la vérité, qui nous permet de discerner ce qui est de ce qui n'est pas. Toute affirmation énonce une correspondance entre ce que nous pensons et ce qui est ; toute négation est une précaution ou une défense à l'égard d'une pensée possible qui tenterait d'affirmer ce qui n'est pas. Les découvertes les plus subtiles ne portent jamais que sur certaines *manières d'être*, jusque-là inconnues, et les explications les plus profondes d'un phénomène ou d'un événement ne nous livrent jamais que leur *raison d'être*.

Aussi ne faut-il pas s'étonner que ce petit mot *est* dont nous parle Rousseau possède un extraordinaire prestige. Le Dieu de la Bible ne peut se définir lui-même qu'en disant : « Je suis celui qui est. » Et il n'y a point pour nous de forme d'affirmation plus pleine et plus parfaite, ni qui prétende s'élever plus décisivement au-dessus de toute critique et de toute dispute, que celle qui s'exprime par cette simple proposition : « Cela est. » Nous savons bien pourtant que le propre de l'intelligence est moins de reconnaître qu'une chose est que de nous dire ce qu'elle est : mais c'est encore le même petit mot *est* qui, après nous avoir assurés de l'existence de cette chose, nous permet de la définir et d'énumérer ses caractères, comme on le voit dans ces propositions élémentaires : « l'homme est mortel » ou « le ciel est bleu ». Ici, le verbe être, au lieu d'énoncer d'un sujet déjà déterminé qu'il fait partie du monde, exprime la liaison de ce sujet avec une qualité qui le détermine. Et puisqu'on le voit pénétrer lui-même comme auxiliaire dans la conjugaison des autres verbes, on peut se demander s'il n'est pas dissimulé au fond de tous les jugements qui paraissent s'en passer et s'il ne faut pas le regarder comme l'unique instrument de l'affirmation.

C'est là, en effet, le postulat sur lequel repose la logique classique, telle qu'elle a été constituée par Aristote. Il nous conduit à voir dans la grammaire une expression fidèle des opérations fondamentales de l'esprit, et, d'une manière plus précise, à identifier tout jugement avec l'acte qui lie un attribut à un sujet par le moyen du verbe être. Mais une telle croyance a peut-être imposé à la grammaire et à la logique une armature trop étroite et trop rigide ; elle a établi entre elles une correspondance artificielle qu'un examen plus approfondi ne cesse de démentir. C'est ce que M. Charles Serrus s'est efforcé de montrer dans un ouvrage intitulé *le Parallélisme logico-grammatical* (Alcan), où l'on trouve beaucoup d'analyses très ingénieuses, une grande richesse d'information, et une utilisation fort adroite des recherches les plus modernes des linguistes ou des logiciens pour assouplir ou faire éclater les cadres dans lesquels la tradition prétendait enfermer jusqu'ici à la fois les formes de la pensée et celles du langage. La pensée de M. Serrus rappelle par plus d'un trait celle de M. Brunschvicg, qui ne cesse de dénoncer le préjudice porté à la philosophie par la confusion trop souvent acceptée entre les deux sens du mot *logos* : car si ce mot veut dire à la fois discours et raison, ne sera-t-on pas tenté d'aller chercher dans les paroles la figure visible de notre pensée invisible ? L'esprit cherche toujours à s'incarner dans la lettre, qui risque aussitôt de l'asservir ; et il livre contre elle un combat dont il ne sort pas toujours vainqueur. Le langage et la pensée cherchent vainement à se rejoindre, car ils suivent une évolution divergente : le rêve d'une grammaire pure qui viendrait coïncider avec une logique pure est irréalisable. C'est que le langage n'est pas, comme on le croit trop souvent, l'expression délibérée d'une pensée réfléchie et maîtresse d'elle-même ; il faut le prendre tel qu'il est, selon M. Brunot, c'est-à-dire « avec ses nuances et ses inconséquences, comme une mêlée perpétuelle d'éléments que des forces naturelles poussent vers la confusion, pendant que d'autres organisent et distinguent ; il est enchevêtré, indécis, complexe comme la nature, et non réduit, simplifié, ordonné, aligné comme la fausse science ». Mais le propre de la pensée, d'autre part, c'est-à-dire de la vraie science, c'est de rompre à la fois avec les formes schématiques d'une logique pétrifiée et avec la confusion d'un langage qui ne cesse de s'user, mais aussi de se façonner et de s'enrichir à travers les hasards de son histoire : aussi la voit-on sans cesse, par exemple dans les mathématiques, inventer de nouveaux symboles, ou de nouvelles formules par lesquelles elle cherche à exprimer certaines relations complexes que la grammaire est hors d'état de traduire.

*

M. Serrus nous dit avec beaucoup de raison que l'antique privilège du verbe être en grammaire et en logique est la véritable origine de cette métaphysique qui remonte à Aristote, et qui est la métaphysique des substances : car si tout jugement se présente sous la forme d'une liaison entre un sujet et son attribut par l'intermédiaire du verbe être, il est naturel de regarder la distinction traditionnelle du substantif et de l'adjectif comme exprimant l'armature même du réel, où l'on ne verra rien de plus que des substances et des qualités. Mais il n'existe assurément dans le monde que des êtres individuels : il n'y a donc qu'eux que l'on puisse légitimement regarder comme des substances ; et nous pouvons leur attribuer tantôt certaines qualités passagères, comme lorsque nous disons : « Aujourd'hui, Pierre est morose », tantôt certaines qualités essentielles et qui ne pourraient être séparées de leur substance même, comme quand nous disons : « Pierre est homme, il est raisonnable, il est mortel. » Cependant la plupart des propositions qui présentent un véritable intérêt pour notre connaissance ont un sujet abstrait. Ainsi, nous disons de l'homme lui-même qu'il est raisonnable et qu'il est mortel. Et ce terme d'homme acquiert une telle consistance pour la pensée que nous sommes inclinés tantôt, avec Platon, à le regarder comme exprimant la substance réelle dont les différents individus humains ne sont que des modes imparfaits, tantôt à en faire, sous le nom de concept, une substance intellectuelle dont le jugement développe le contenu, tantôt, en l'identifiant avec un simple nom,

126

à introduire cette fois sa fonction substantielle à l'intérieur même du vocabulaire. Ainsi les différents systèmes de la philosophie occidentale semblent également construits sur cette hypothèse que toute affirmation implique nécessairement l'emploi du verbe être.

Cependant on ne peut pas faire entrer sans difficulté toutes les propositions dans un cadre aussi uniforme. Il est évident d'abord qu'il y a des phrases dans lesquelles il n'y a ni sujet ni attribut, comme celle-ci : « il pleut ». Même quand nous disons : « le temps est beau », il y aurait abus à vouloir faire du temps une substance. Et, pour exprimer l'objet immédiat de notre pensée, il vaudrait mieux dire : « il fait beau », bien que l'analyse d'une telle formule soit à peu près impossible à réaliser. Mais les grammairiens nous ont habitués à distinguer deux types de phrases très différents : des phrases nominales, dans lesquelles un attribut est joint à un nom par l'intermédiaire du mot *est* (par exemple : « la maison est blanche »), et des phrases verbales, marquant l'action exercée par un être sur un autre (par exemple : « Pierre frappe Paul »). Le second type est le plus fréquent, le plus caractéristique du génie indo-européen. On peut sans doute essayer de le réduire au premier, en disant que Pierre est en train de frapper, ou frappant. Mais ce n'est là qu'un artifice qui ne réussit pas à dissimuler la diversité des deux attitudes de l'esprit, qui tantôt pose une relation entre une chose et un état, et tantôt une relation entre un agent et un patient.

Scaliger disait que la différence entre les noms et les verbes, c'est la différence de ce qui demeure et de ce qui passe. Mais il est plus vrai de dire que nous cherchons toujours à retrouver dans le monde des états ou des actions, parce que nous ne sommes capables nous-mêmes que de percevoir ou de vouloir. Cependant la volonté exerce toujours une certaine suprématie sur la perception ; car la volonté modifie la face des objets perçus. Aussi n'y a-t-il que le logicien qui puisse songer à ramener l'action exprimée par le verbe à un état du sujet agissant. L'instinct populaire fait plutôt le contraire : il personnifie la nature entière et considère l'état des choses comme l'effet d'une puissance invisible. Mais c'est l'emploi du verbe « qui donne la vie à la pensée et la dramatise ». Là est le secret de toute mythologie et de toute poésie. Ainsi, l'immobilité elle-même tend toujours à s'exprimer par le verbe, comme si c'était encore une action que de ne point agir : « Pierre dort, Pierre ne fait rien. »

*

C'est afin de mieux opposer les jugements qui portent sur une attribution aux jugements qui portent sur une action que l'on refuse souvent au mot *est* le nom de verbe, pour en faire une simple copule. Mais, tandis que la copule était regardée autrefois comme le seul lien possible entre nos idées, beaucoup de logiciens cherchent aujourd'hui à en rabaisser la valeur : elle tend à devenir un simple accident grammatical. Quand je dis : « le ciel est bleu », le mot *est* n'exprime aucune pensée réelle : c'est le ciel bleu que je désigne, c'est-à-dire la rencontre dans ma perception d'une certaine surface et d'une certaine couleur. Mais pour que ma pensée pût saisir entre ces deux termes un lien logique, il faudrait montrer comment la lumière agit sur les éléments de la surface et produit devant le regard une apparence bleue. Nous avons affaire alors à de nouveaux jugements, qui, au lieu de distinguer arbitrairement un sujet d'un attribut (et par conséquent une substance d'une qualité), établissent des relations définies entre les objets réels que l'analyse de l'expérience nous découvre tour à tour. Le propre de toute connaissance précise, c'est donc de substituer aux jugements d'attribution des jugements de relation.

Pourtant, on ne saurait méconnaître que l'attribution ne soit elle-même une sorte de relation. Et cette relation n'est pas toujours aussi fortuite et confuse que celle de l'étendue et de la couleur. Aristote fonde sur la copule une classification des genres et des espèces qui lui permet d'établir la théorie du syllogisme ; ainsi, affirmer que tout homme est mortel, c'est inclure l'espèce homme dans le genre mortel ; et dire que Socrate est mortel parce qu'il est homme, c'est l'inclure dans le genre parce qu'on l'a inclus d'abord dans l'espèce. Seulement, on alléguera que la pensée réelle ne porte jamais sur l'extension respective des différentes classes d'êtres, mais sur les corrélations de caractères par lesquelles chacune des classes est définie. Faudra-t-il dire que l'homme est un concept complexe dans lequel le caractère mortel est lui-même inclus ? Mais c'est là une affirmation frivole par laquelle on suppose que le concept d'homme est déjà donné et prêt à être analysé, alors que le propre de la pensée c'est précisément de le constituer. Il ne suffit donc pas de dire qu'en fait il contient la mortalité, il faut montrer pourquoi il l'implique nécessairement. Et pour cela il faut recourir à l'étude de la nature physiologique ou métaphysique de l'homme, et établir qu'elle suppose une certaine liaison d'éléments que la mort à un certain moment doit dissoudre. C'est dire que l'attribution est toujours une relation imparfaite, qui doit céder la place, à mesure que la pensée s'élabore davantage, à une de ces relations originales et déterminées qui sont l'objet propre de la connaissance scientifique.

La science en effet tend à éliminer la copule. Elle cherche avant tout des relations d'égalité, comme on le voit dans les mathématiques, et des relations de causalité, comme on le voit dans les sciences de la nature. Une égalité mathématique ne comporte ni sujet ni attribut ; et le signe = n'a pas du tout le même sens que la copule *est* ; il sépare l'un de l'autre deux termes qui ne sont point identiques, comme on le croit, puisqu'ils expriment des opérations différentes ; mais il nous montre que ces opérations conduisent au même résultat. Ainsi l'égalité représente sans doute la forme la plus parfaite de la relation, et l'idéal même de toute connaissance, puisqu'elle nous permet de retrouver toujours l'unité de l'esprit à travers la diversité de ses démarches particulières.

Mais les sciences de la nature à leur tour ont pour objet des relations spatiales et temporelles qui ne se laissent pas réduire à la pure attribution : quand je dis A est avant B, ou après C, proche de D, ou loin de E, ce n'est point la copule qui est l'objet de l'affirmation, ce sont les relations réelles et irréductibles qui sont exprimées par les mots antériorité, postériorité, proximité et éloignement. Le propre de la pensée sera, il est vrai, d'introduire en elles l'intelligibilité et par conséquent l'égalité, c'est-à-dire la mesure. Mais la mesure n'abolit pas leur originalité. Ainsi le temps n'est pas simplement mesuré : il est une corrélation d'événements successifs ; et chacun d'eux est un effet qu'il faut rapporter à l'action d'une cause dont il ne peut jamais être un simple attribut. L'espace non plus n'est pas épuisé par les relations métriques de ses différentes parties : il y a en lui des éléments réels dont la juxtaposition n'est pas fortuite, mais obéit à des lois, et contribue à former ces systèmes que nous appelons des corps matériels ou des corps organisés. On aboutit ainsi à un groupe de cinq relations fondamentales : l'égalité, le temps, l'espace, la cause et le système ; et la copule ne fait que masquer leur diversité et leur richesse.

*

Assistons-nous donc à la déchéance du verbe être ? Sous sa forme la plus noble il désignait l'existence ; mais il semblait alors frappé de stérilité, puisque ce qui intéresse la connaissance, ce n'est pas l'existence, mais ce sont les caractères de ce qui existe. Alors le verbe être s'est humilié jusqu'à abandonner sa fonction proprement verbale et se réduire au rang de simple copule. Du moins pouvait-il prétendre alors à l'universalité. Mais il est devenu l'objet de tous les mépris parce qu'il ne servait plus qu'à désigner des états ; et ce sont tous les autres verbes qui ont reconquis à ses dépens la dignité qu'il avait perdue. En espérant ramener toutes les opérations de la connaissance à des formes différentes de l'attribution, il rejetait hors de sa juridiction les jugements les plus chargés de réalité et de vie, tous ceux qui expriment des actions et tous ceux par lesquels la science se constitue.

C'est, il est vrai, un singulier paradoxe que le mot *être* puisse aboutir à nous faire perdre le contact avec le réel au lieu de nous rappeler sa présence et de nous assujettir en elle. Mais ce n'est là sans doute qu'une illusion. Si nous entrons dans l'existence par la pensée comme le montre l'argument cartésien, le premier de tous les sujets n'est pas le sujet grammatical, c'est le sujet pensant en qui l'être et la connaissance ne font qu'un. Alors l'opération qui me fait être doit se retrouver dans tous les objets de mon affirmation ; c'est elle qui s'exprime sous une forme encore élémentaire et naïve dans la copule, sous une forme active et dramatique dans le verbe proprement dit, sous une forme réflexive et synthétique dans les différentes espèces de relation. Peut-être M. Serrus ne contesterait-il pas une telle interprétation : elle ne porte aucune atteinte à la conception fondamentale qu'il défend d'une manière si convaincante, c'est qu'il est stérile de vouloir chercher une exacte correspondance entre les lois de la grammaire et celles de la logique. En un sens, sa conception ne serait nullement ébranlée, mais au contraire confirmée, s'il consentait à admettre comme Brentano que la fonction du jugement est *thétique*, c'est-à-dire réside dans l'affirmation d'une réalité. Ce qu'il y aurait alors de primitif dans toute pensée, ce serait le jugement « cela est ». Et la copule elle-même ne retrouverait son vrai sens qu'elle a laissé s'affaiblir qu'à la condition d'être régénérée et promue à nouveau jusqu'à la signification de l'existence. Car je ne puis pas dire : « la chimère est un animal fabuleux » sans donner à la chimère une existence pour l'imagination, au moment où je lui retire l'existence pour la perception.

Dira-t-on que le propre de la copule, c'est d'exclure le temps, tandis que le temps est essentiel au verbe, parce que le rôle du verbe est de désigner l'action ? Mais Bréal soutient que la forme naturelle du verbe, c'est un présent intemporel : il voit bien que le verbe marque d'abord l'action en train de se faire, quel que soit le temps où elle se fait. Or c'est par l'action que toutes choses s'introduisent dans l'être : ainsi le verbe et la relation ne paraissent exclure l'être qu'afin de nous faire assister à sa genèse. Et cela permet à Lachelier de dire avec son habituelle profondeur, mais aussi avec une demi-ironie, que l'être est dans chaque phrase, mais qu'il y est surtout quand le mot être n'est pas exprimé.

25 février 1934.

III. LE RYTHME DU TEMPS

Le temps a toujours été regardé comme le principe de notre infirmité et de notre misère. Car il nous ôte ce que nous avions et nous empêche de posséder jamais rien. Il fait osciller toute notre vie entre le désir et le regret. Il emporte dans sa fuite et nous-même et tout ce que nous aimons. Comme le dit le poète :

Chaque instant te dévore un morceau du délice
À chaque homme accordé pour toute sa saison.

Nous disons que Dieu est éternel pour le soustraire à cet écoulement où tout ce qui est finit peu à peu par se détruire et se perdre. Notre activité tout entière est une lutte contre le temps par laquelle nous défendons toutes les œuvres de nos mains ou de notre esprit, et notre être même, contre cet effritement insensible et continu qui, si nous cessons un moment de le réparer, commence leur ruine et les rend peu à peu au néant. Mais de cette lutte le temps sort toujours vainqueur. Que l'on ne dise pas que le temps ouvre devant nous un avenir qui est non pas seulement l'objet de notre attente et de notre espérance, mais encore le lieu de cette activité créatrice par laquelle nous entreprenons d'édifier un monde nouveau et de fonder notre existence propre. Car l'attente et l'espérance sont les marques mêmes de notre impuissance : elles sont toujours déçues. Et ce que nous construisons avec tant d'effort, ce ne sont que des châteaux de cartes, toujours voués à l'écroulement et à l'oubli. Mais l'illusion la plus décisive, qui est inséparable de la pensée du temps, c'est que ce temps, qui précipite notre perte, ne va pourtant jamais assez vite au gré de nos désirs. Sa roue est toujours trop lente. Nous demandons à brûler les étapes. Nous voulons toujours être à demain. Nous cherchons à atteindre tout de suite le mirage d'un bien qui doit nous échapper aussitôt, que nous aspirons nousmême à quitter dès que nous l'avons, et qui fait de notre vie entière, toujours séduite par ce faux appât, une sorte de course volontaire à la mort.

Toutefois, nous n'échappons jamais au temps, dans lequel pourtant nous ne parvenons jamais à nous établir. Tout l'être que nous pouvons avoir, c'est dans le temps qu'il nous appartient, ou de le découvrir, ou de le conquérir. Il ne faut donc pas que nous ajournions sans cesse de vivre, sous prétexte que le temps nous pousse toujours au-delà du présent : il faut au contraire que, dans le temps, nous puissions obtenir le sentiment de cette présence, au lieu de lui permettre de l'abolir. La règle suprême de toute sagesse consiste dans l'usage que nous devons faire du temps, dans un certain art d'en disposer. Cet art a pour objet d'introduire dans le temps, qui jusque-là était le lieu de notre inquiétude, le principe même de notre sécurité. Les deux livres de M. Lecomte du Nouy sur *le Temps et la Vie* (N.R.F.) et de M. Gaston Bachelard sur *la Dialectique de la durée* (Boivin), en contribuant tous les deux à critiquer la représentation classique de la succession réduite à un flux continu et unilinéaire d'événements, nous invitent à chercher comment l'être peut assujettir sa vie dans le temps, qui doit la soutenir au lieu de la dissoudre.

*

M. Lecomte du Nouy d'abord nous propose de distinguer entre le temps de la pensée et le temps de la vie. Le temps de la pensée, c'est ce temps dont l'écoulement uniforme est divisé par l'aiguille de nos montres selon le cours des révolutions sidérales. Et nous savons

TROISIÈME PARTIE

aujourd'hui qu'il ne peut pas être dissocié de l'espace qui est nécessaire à sa mesure, comme il est nécessaire lui-même à l'espace, qui ne peut être connu que s'il est parcouru. Mais le temps n'est pas seulement le lieu des mouvements relatifs : il est aussi cette durée réelle dont parle M. Bergson où naissent et croissent des êtres qui sont destinés un jour à mourir. Or, la vie introduit dans le temps une véritable discontinuité. Tout se passe en effet comme si les êtres vivaient à la fois dans le même espace et dans des temps différents. Chacun d'eux trace dans le temps une courbe qui lui est propre. En particulier, le temps de l'enfant n'est pas le même que celui de l'adulte ou du vieillard. Et on obtient sur ce point une coïncidence singulière entre les résultats de l'expérience physiologique et l'interprétation immédiate du témoignage de la conscience. M. Lecomte du Nouy nous décrit avec beaucoup d'exactitude et de minutie deux séries de recherches qui l'ont conduit à des conclusions convergentes : les unes portaient sur la vitesse avec laquelle les blessures qu'il avait observées pendant la guerre se cicatrisaient. La cicatrisation est cette propriété étonnante du tissu vivant de pouvoir se réparer lui-même par une prolifération cellulaire : le phénomène est mystérieux, mais il nous mène aussi près qu'il est possible de la racine même de la vie, du point où elle s'engendre et se régénère. Or il y a une vitesse de cicatrisation qui est proportionnelle à l'âge du blessé et dont on peut dire qu'elle sert à déterminer son âge réel, qui n'est pas toujours le même que son âge légal.

On sait de même que le docteur Carrel a réussi à réaliser la culture de certains tissus qui, à condition qu'ils soient traités avec assez de précautions, continuent à vivre et à se développer indéfiniment : dans les limites de notre investigation, ils nous apparaissent en droit comme immortels. Mais c'est là une immortalité spécifique dont nous ne pouvons tirer aucune espérance en ce qui concerne l'immortalité qui nous intéresse et qui est celle de notre être individuel. Bien au contraire, car si l'on fournit à ces tissus un sérum normal d'un animal de même espèce, leur activité se réduit d'une valeur qui est toujours en rapport avec l'âge de cet animal. C'est comme si le tissu abandonnait tout à coup le temps anonyme, rectiligne et uniforme, pour entrer dans un temps original et différencié, défini par une courbe de vieillissement, qui est la même que celle de la cicatrisation.

On peut montrer expérimentalement que la vitesse de cicatrisation est quatre fois plus grande chez un enfant de dix ans que chez un adulte de cinquante. Ce qui permet de dire que, puisqu'il faut quatre fois plus de temps à cet adulte qu'à cet enfant pour accomplir le même travail physiologique, le temps doit couler pour lui quatre fois plus vite. Car il se passe dans la même année beaucoup moins de choses pour lui que pour cet enfant. Ainsi, l'année doit paraître à ce dernier beaucoup plus lente, ce que l'observation ne manque pas de confirmer. Quant à l'explication ingénieuse que l'on a voulu donner de cette impression subjective en disant que l'évaluation du temps est toujours relative et que pour l'enfant de dix ans, l'année n'est que la dixième partie de sa vie, tandis que pour l'homme de cinquante ans elle en est la cinquantième, on peut dire qu'elle concorde elle-même d'une manière assez remarquable avec le rapport réel entre les temps de cicatrisation.

*

Si le temps continu est donc le temps de la pensée, le temps de la vie est essentiellement discontinu. Il enregistre dans chaque individu la courbe même de son évolution ; à mesure qu'il devient plus rapide il traduit en nous le déclin de l'élan vital : il en caractérise le rythme. Le propre de la sagesse c'est d'y consentir et de l'épouser, sans se plaindre, quand on vieillit, de ne point retrouver le temps de son enfance. En outre, le temps, à mesure qu'il avance et devient pour nous plus rapide, acquiert une plénitude qu'il n'avait pas, mais qui est une plénitude spirituelle. Le présent se nourrit sans cesse du passé, non point pour nous le faire regretter, mais pour lui donner une profondeur tranquille qui compense ce que le corps lui retire.

*

Cependant, ce n'est pas seulement le cycle de notre vie organique qui introduit de la discontinuité dans le temps. M. Bachelard ne craint pas de faire intervenir dans la contexture même du temps les schémas discontinus qui semblent avoir triomphé dans la physique contemporaine avec les atomes, les électrons et les *quanta* : il ponctue le temps d'instants créateurs. Et, par opposition à ce temps de l'abandon et de la rêverie qui est le seul qui nous paraisse continu, il nous apprend à vouloir nous-même le temps dans lequel nous vivons, grâce à des décisions qui se produisent toujours dans l'instant et qui sont liées les unes aux autres par l'intermédiaire de certains rythmes où notre existence s'affermit et se consolide, pourvu que nous leur restions fidèle. Le temps est le moyen par lequel nous réussissons à réaliser la cohérence de nos choix et à mettre en œuvre le système de nos préférences. On observe donc bien ici une suprématie du temps voulu sur le temps vécu. Et il n'est plus vrai de dire seulement que nous disposons du temps, mais il faut dire que le temps lui-même est notre propre ouvrage ou que nous vivons dans le temps que nous avons construit et que nous nous sommes donné.

Par opposition à cette durée sans fissure à laquelle M. Bergson accordait une continuité parfaite et qui l'obligeait à exclure le néant d'une manière aussi rigoureuse que l'avait fait Parménide, puisque la pensée du néant suppose l'être et s'y ajoute, M. Bachelard ressuscite une autre tradition qui prétend composer le devenir ou le temps à l'aide de l'être et du néant. Cependant, loin de faire du temps une réalité bâtarde et évanouissante, où l'être et le néant viendraient se mélanger d'une manière mystérieuse et indistincte, il nous montre comment le temps se révèle à nous à travers une série de ruptures : il est une poussière d'actes instantanés séparés les uns des autres par des intervalles. Le temps ne peut pas être une suite continue d'instants, car l'instant appelle l'intervalle, qui est son contraire, mais dont il ne peut se passer, puisque en séparant les instants c'est l'intervalle qui les fait être. La dialectique du temps sera donc une dialectique de l'instant et de l'intervalle, qui est une sorte de mise à l'épreuve de la dialectique de l'être et du néant. M. Bachelard tient par-dessus tout, contre l'opinion de M. Bergson, à mettre la pensée du néant sur le même rang que la pensée de l'être, ce que l'on comprend sans peine puisqu'elle est génératrice de cette discontinuité qui constitue pour lui le fond même du réel : on a même l'impression qu'il la met parfois au-dessus, comme on le voit dans ces formules : « La pensée pure doit commencer par un refus de la vie. La première pensée claire, c'est la pensée du néant. » Ce que l'on n'admettra pas sans quelque difficulté, s'il est vrai que le refus de la vie est encore un acte de la vie et que la pensée du néant demeure toujours l'être d'une pensée.

Du moins M. Bachelard a-t-il le grand mérite de marquer avec beaucoup de lucidité l'inégalité du cours du temps, qui est sans doute la marque de l'inégalité de notre participation à l'être et à la vie. Il dit qu'il y a dans chaque instant ce qu'il appelle une fine singularité ; c'est qu'il cherche toujours en lui la conscience aiguë d'un contact actuel avec le concret, d'un acte volontaire par lequel nous nous engageons et qui, d'un seul coup, nous donne accès dans l'être. En comparaison, l'intervalle n'est plus qu'un abandon, un fléchissement et une détente. Ce qui ne veut pas dire qu'il ne soit rien, mais seulement qu'il s'oppose à l'instant comme notre passivité s'oppose à notre activité, bien qu'elles soient toutes les deux inscrites dans l'être et que notre vie passe toujours de l'une à l'autre par une oscillation ininterrompue. Seulement, le temps est tout entier du côté de l'intervalle, comme le montre notre appréciation du temps, qui n'est long que lorsqu'il est trop long, c'est-à-dire lorsqu'il ne contient rien. Au lieu que notre activité, dès qu'elle se concentre dans des instants chargés d'une intense efficacité, s'évade du temps afin de vivre dans un présent éternel. Ce qui confirme en un sens l'interprétation de M. Lecomte du Nouy en ce qui concerne le temps de l'enfant dont on ne dit qu'il est long que parce qu'il est rempli, de telle sorte qu'il semble cesser de couler.

L'opposition de l'intervalle et de l'instant créateur nous permet de comprendre comment dans le temps la conscience tantôt se dissout et tantôt se concentre. Le temps est à la fois son point de chute et son point d'appui. En lui notre être ne peut que gagner ou perdre : il faut que le temps le dissipe dès qu'il cesse de le nourrir. L'intervalle est non point néant, comme le dit M. Bachelard, mais possibilité pure et simple, permission d'agir ; c'est l'instant qui transforme cette possibilité en être, qui décide du oui ou du non. Et le temps tout entier peut être défini comme le rythme des oui et des non. Il dessine, comme l'avait déjà vu M. Bergson, la forme de notre hésitation. En lui la vie est sans cesse essayée, refusée et reprise. Il est le chemin de la liberté, mais cette liberté il faut l'assumer, faute de quoi il devient aussitôt le chemin du hasard et de la fatalité.

Telle est la raison pour laquelle chaque instant dans le temps est nécessairement pour nous un premier commencement. C'est qu'il est le lieu d'insertion de la volonté. Seulement un acte de volonté simple ne suffit pas pour constituer une durée : il faut encore qu'il dispose de l'intervalle. Déjà on peut observer que l'originalité du temps se découvre à nous avec une singulière netteté dans la conduite différée. On le voit bien par l'exemple de l'attente qui, « en creusant le temps rend l'amour plus profond » et qui engage l'amour le plus constant dans le jeu alternatif et émouvant des instants et des intervalles. Cependant, nous ne disposons vraiment de l'intervalle que par la possibilité que nous avons de recommencer le même acte à plusieurs reprises. Ainsi, pour constituer sa conduite propre, chacun de nous procède comme le savant qui, pour constituer la science de l'univers, peuple le temps de fréquences après avoir peuplé l'espace d'atomes. De part et d'autre, nous avons affaire à des points d'appréhension du réel qui sont séparés pour ainsi dire par des zones d'indétermination. « Le fil du temps est couvert de nœuds. » Seulement, ce sont ces nœuds qui nous en rendent maître. C'est par eux que le savant réussit à s'emparer de la causalité, qu'il agit sur la marche du phénomène, le ralentit, l'accélère ou l'immobilise. De même, nos impulsions, nos décisions, s'exercent toujours dans l'instant : notre tâche est de les composer, de les organiser, à l'intérieur de certains rythmes par lesquels notre caractère s'affermit, qui forment la discipline de notre vie et qui, par leur répétition, permettent au temps, qui jusque-là ne cessait de nous dissiper, de devenir l'instrument même de notre sécurité.

Ainsi, on pourrait concevoir une science tout à la fois du réel et de la conduite dans laquelle on chercherait à reconnaître ou à créer des rythmes temporels qui seraient le fondement de toutes les structures que l'on peut observer dans l'espace, et à laquelle on pourrait donner le nom de *rythmanalyse*. La matière peut toujours se transformer en un rayonnement ondulatoire : chacun de ses éléments a une fréquence déterminée. Elle est constituée elle-même par un rythme qui se change précisément en matière quand il se présente à nos yeux sous une forme confuse. « Toute son énergie d'existence réside dans son énergie vibratoire. » Sur tous les plans de l'activité, nous rencontrons les mêmes instants remarquables qui ponctuent une durée uniforme, mais qui est dépourvue par elle-même de contenu et de signification. Ainsi « le propre d'une âme musicienne un peu experte est de sentir et de vivre cette dialectique de la régularité et de la liberté, de l'émotion différée, puis effectuée, qui ondule tout le long de la mélodie ». Le lyrisme, à son tour, est une proportion de syllabes accentuées et de syllabes atones, mais dans une comptabilité qui néglige les durées. Notre vie tout entière se trouve engagée à l'intérieur de certains rythmes qui sont ceux de notre corps et de la nature qui nous entoure. C'est dans la mesure où notre conscience les retrouve et entre en harmonie avec eux que nous sommes capables d'éprouver le bonheur : mais c'est un bonheur de rêve et d'abandon. La pensée nous met au-dessus de lui et doit nous permettre de le gouverner. M. Bachelard pense à une philosophie « où le rythme des idées et des chants commanderait peu à peu le rythme des choses ». C'est qu'il y a un rythme de notre être personnel et profond qui est l'œuvre même de notre liberté. Il trouve dans le rythme qui est inscrit dans les choses autant d'occasions avec lesquelles il doit s'accorder. Le propre du sage, c'est de les discerner et d'y répondre ; et tous les échecs sont des contretemps. On peut bien dire de ce rythme qu'il est une « enfance retrouvée », mais c'est surtout parce qu'il est une vocation découverte et remplie. Ainsi pourrait se constituer cette philosophie du repos dont M. Bachelard entrevoit la possibilité, qui se fonderait sur la connaissance et la disposition de tous les rythmes du temps. Car le repos, dit-il, est « inscrit au cœur même de l'être ». Seulement, c'est un repos actif dont il ne peut douter que ce ne soit l'activité même par laquelle la vie se crée elle-même selon un rythme éternel qui, dans le temps, dépasse le temps, et, par une fidélité aux lois de l'ordre, de l'harmonie et de la sagesse, doit être constamment maintenue parce qu'elle est constamment menacée.

7 février 1937.

IV. L'ESPRIT ET LE RÉEL

L'opposition de ces deux mots, l'*esprit* et le *réel*, exprime assez bien cette ambiguïté qui est inséparable de notre vie, où nous disposons d'une initiative secrète qui nous permet de comprendre, d'aimer et de vouloir, et où nous rencontrons hors de nous un monde qui nous résiste, qui nous contraint et qui nous blesse, mais qui est tel pourtant que notre esprit essaie de le pénétrer et de l'assujettir et se déclare vaincu s'il n'y réussit pas. Or cette opposition de l'esprit et du réel cache un extraordinaire paradoxe : car que peut-il y avoir en dehors du réel ? Et si l'esprit est irréel, comment peut-on le nommer, comment peut-on le qualifier ? On ne parvient pas à le distinguer du réel sans l'y intégrer de quelque manière. Il en est un aspect que l'on oppose à son aspect matériel, qui sans lui ne serait ni appréhendé ni connu.

On ne peut nier pourtant que le réel ne se confonde pour la plupart des hommes avec la matière, avec ce que l'on voit et ce que l'on touche, qui se montre à tous les regards, que la main est capable d'atteindre, qui fournit à toutes mes actions un obstacle et un point d'appui. Au contraire, l'esprit ne peut point être saisi ; il est invisible, fluide et mobile ; il est comme une flamme qui à chaque instant s'éteint et se rallume. Sa destinée est d'éclairer le monde ; mais pour l'éclairer il le suppose, et, comme la lumière, il semble qu'il nous le découvre sans y rien ajouter. Bien plus, c'est de l'objet même auquel il s'applique et qui sans lui ne serait pas connu, que l'esprit, par une sorte de retour, paraît recevoir la réalité même qui lui manque, tout comme la lumière encore, qui ne se montre jamais que par la clarté qu'elle répand sur les surfaces qui l'arrêtent et qui la brisent. Ainsi, c'est au moment où l'esprit s'immobilise et se pose sur un objet qui lui est étranger qu'il parvient lui-même à s'actualiser, comme si cet objet dès qu'il est connu lui communiquait l'existence qui lui appartient. Mais qu'était-il donc jusque-là, sinon une pure virtualité ? Tel est donc le secret de l'opposition entre l'esprit et le réel : le réel, c'est ce qui nous est donné ; au lieu que l'esprit, c'est la possibilité de nous le donner, dont on peut dire à la fois qu'elle est beaucoup moins, et pourtant beaucoup plus. Beaucoup moins, comme l'idée de la chose est beaucoup moins que la chose elle-même dont elle semble un vain simulacre privé de chair et de sang ; et beaucoup plus pourtant, puisqu'elle nous en révèle le sens et nous en livre la genèse. Aussi les choses ne sont-elles rien pour nous sinon par l'acte de l'esprit qui s'en empare et nous les représente, et l'esprit n'est rien sans les choses, dont il a besoin afin de s'exprimer et de s'incarner en elles. On voit par là tout l'ascendant que l'esprit garde sur le réel : il en est la justification et, en nous obligeant à refaire l'action qui le produit, il nous donne prise sur lui et nous permet de le modifier indéfiniment.

C'est ce rapport entre l'esprit et le réel que M. Francis Maugé s'est attaché à définir dans deux gros volumes dont le premier est intitulé *l'Esprit et le réel dans les limites du nombre et de la grandeur*, et le second *l'Esprit et le réel perçu* (Alcan) ; ils seront suivis de deux autres : l'un étudiera le rapport de l'esprit avec le réel, non plus tel que nous le percevons, mais tel que la science nous le fait connaître ; et l'autre cherchera à saisir dans les manifestations de la vie affective toutes les virtualités de l'énergie spirituelle et la signification même de la vie humaine. L'œuvre tout entière se présente à nous comme l'étude de la relation entre *la destinée et le problème du vrai*. L'auteur en effet ne se contente pas de décrire l'effort par lequel l'esprit pénètre peu à peu le réel et le convertit en connaissance. Ce qu'il cherche à atteindre, c'est le cœur même de notre destinée, qui se confond pour lui avec la loi de l'esprit « dans la lutte qu'il soutient contre ce qui le limite ou brise son élan ». Il nous le montrera à l'œuvre dans les opérations successives par lesquelles il crée la vérité, qui est, si l'on peut dire, son ouvrage le plus authentique. M. Maugé possède sur les plus récentes découvertes de la science contemporaine une information très étendue et très sûre. Il ne saurait y avoir pour nous de meilleur guide dans une pareille enquête, même s'il nous arrive parfois de parler un autre langage.

*

Ce qui nous frappe d'abord dans ses deux ouvrages, c'est un sentiment très vif de la dualité et, pour ainsi dire, de la contradiction entre l'esprit et le réel. À aucun moment le réel ne s'offre à l'esprit comme recelant en lui une harmonie intelligible que l'esprit essaierait de retrouver et à laquelle il demeurerait lui-même inégal. Le réel est toujours un obstacle qui doit être surmonté. Il ne peut l'être que si nous avons foi dans la raison, qui est la faculté de l'identique, et si en même temps l'élan vital nous oblige, pour ne pas succomber, à l'adapter sans cesse aux exigences du réel. Le réel, c'est ce qui résiste à l'action de l'esprit, ce qui est toujours extérieur, multiple et dispersé. Mais l'esprit est l'intimité même : partout où il agit, il concentre et il unifie. Dès lors, il y a une loi des rapports de l'esprit et du réel, loi qui nous permet de considérer l'esprit comme une fonction et le réel comme une variable, et que M. Maugé ne craint pas de regarder comme plus fondamentale que la loi de Newton. La vérité est un acte immanent à l'esprit : ainsi, elle s'engendre elle-même. Mais l'esprit trouve toujours devant lui des barrières qui le rompent et le divisent : il se fragmente lui-même en esprits séparés qui s'ignorent et qui se cherchent. Son rôle, c'est de circuler entre ces barrières, d'envelopper tout le multiple dans un réseau de relations, de rapprocher ces esprits séparés et de créer entre eux une vivante communion. Ainsi il poursuit un triple idéal, qui est d'accroître notre puissance sur le monde, d'introduire en lui une unité rationnelle, deux tâches auxquelles la science peut suffire, mais qui ne trouvent leur raison d'être et leur dénouement que dans une troisième, qui est la formation d'une société entre tous les esprits.

C'est là une conception du rôle de l'esprit avec laquelle on ne peut que se montrer d'accord, bien que le vocabulaire risque de surprendre. Car nous convenons qu'il est tentant de faire de l'esprit une loi différentielle ; mais on peut se demander si l'esprit peut être à la fois la loi et l'auteur de la loi. Cette loi est son œuvre ou du moins elle est une formule qui la traduit ; mais le danger serait qu'elle nous inclinât à faire de l'esprit un objet de pensée alors que l'esprit est au contraire ce qui ne peut jamais être objet pour la pensée, puisqu'il est l'acte suprême qui pose tous les objets de pensée possibles et toutes les lois qui sont capables de les figurer. En faisant entrer l'esprit lui-même dans une loi, on risque donc d'en faire une nature, et de l'assujettir à un développement nécessaire ; ou bien, si l'on veut maintenir la liberté de ses démarches, qui peuvent marquer tantôt un progrès et tantôt un recul, c'est que la loi qui les régit n'exprime rien de plus qu'une sorte de tracé où elles s'inscrivent après coup.

On voit bien que l'esprit, réduit à lui-même, jouirait d'une liberté absolue, qu'il disposerait d'une possibilité illimitée, que son activité serait alors une simple détente ou un pur abandon. Heureusement, le réel joue par rapport à lui le rôle de frein ou de volant régulateur. Seulement on voudrait savoir s'il faut qu'il ait une essence hétérogène à l'esprit pour être capable d'arrêter et de diviser son élan, ou s'il ne serait pas identique à l'esprit lui-même, saisi à travers la diversité de ses opérations, dans sa tension plus ou moins grande, et pour ainsi dire à ses différents degrés et à ses différents niveaux. Enfin on pourrait se demander encore si l'esprit, comme le pense M. Lalande, ne doit rien faire de plus que d'essayer de réduire la diversité qui serait pour lui une sorte de scandale, ou si la diversité n'est pas aussi son vœu le plus profond et s'il ne cherche pas encore à la produire comme le témoignage même de sa fécondité qui fructifie indéfiniment.

Telles sont les questions que nous poserions volontiers à M. Maugé, auxquelles nous ne doutons pas qu'il apporterait les réponses les plus apaisantes : car le problème essentiel de la philosophie, c'est en effet de savoir si la dualité du réel et de l'esprit est absolue et irréductible et si le réel n'est rien de plus qu'un mystère opaque dans lequel l'esprit essaie de faire pénétrer une lueur étrangère, ou si l'esprit présente avec le réel une parenté profonde et s'il n'en est pas l'extrême pointe : le réel ne nous paraît peut-être enveloppé de ténèbres qu'afin de permettre à chaque esprit d'y discerner lui-même son propre bien. Dès qu'il s'agit de décrire les opérations positives par lesquelles l'esprit agit, soit dans la construction du monde mathématique, soit dans la construction du monde que nous percevons, les analyses de M. Maugé montrent aussitôt la plus grande force persuasive : on le voit alors mettre en pratique avec une extrême vigueur cette idée qui nous est familière depuis les travaux de M. Brunschvicg, c'est que nous ne pouvons pas dire de l'esprit ce qu'il est, mais seulement ce qu'il fait, que son activité nous échappe pendant le temps où elle s'exerce et que nous la saisissons seulement après qu'elle s'est exercée, c'est-à-dire dans son œuvre, une fois qu'elle est réalisée.

*

C'est évidemment dans les mathématiques que la liberté de l'esprit sera la plus grande et la résistance du réel la plus petite. Elle n'est pas nulle pourtant, comme on le voit par exemple dans la formation des nombres où notre activité fait le choix de certains symboles, mais qui doivent représenter des opérations que nous sommes capables d'accomplir. Nulle part, en effet, l'esprit ne se modèle avec plus de rigueur sur des exigences qui lui sont imposées par les choses, mais nulle part non plus il ne prétend les régir par des initiatives plus hardies. On le voit bien dans le progrès même de l'arithmétique, dans l'invention successive des nombres fractionnaires, négatifs, irrationnels, qui d'une part sont chargés de donner un sens général à toutes les espèces d'opérations que l'on appelle division, soustraction, extraction de racines, et qui d'autre part évoquent toujours soit le morcelage indéfini du réel, soit la possibilité de compter une longueur en deux sens, soit le rapport entre le côté du carré et sa diagonale. On ferait des remarques analogues sur les nombres imaginaires. Le calcul infinitésimal qui chez Leibniz apparaît comme inséparable des principes fondamentaux de sa métaphysique, nous fournit en même temps la seule méthode de mesure qui puisse s'adapter à toutes les sinuosités du réel. Et les objets de la géométrie présentent le même caractère d'être des œuvres de l'esprit, mais auxquelles l'expérience doit fournir à la fois un support et un champ d'application : ils sont eux aussi intermédiaires entre les objets logiques et les objets physiques.

Mais si les mathématiques résident dans un ensemble de schémas opératoires, ces schémas sont les créations d'un être vivant qui n'est ni un corps brut ni un esprit désincarné. Aussi la pensée qui est inséparable de la vie est-elle toujours en corrélation avec la nature de nos organes. Chaque symbole mathématique recouvre un geste toujours disponible qui peut être répété toujours et par tous : ce geste est purement virtuel et affecté du caractère de l'absence aussi longtemps qu'il ne trouve pas dans le réel un objet qui lui répond ; dès qu'il le rencontre il s'actualise et acquiert la présence, qui est le véritable signe que l'objet est là. L'espace lui-même n'est rien de plus que l'expression symbolique de tous les mouvements possibles. Mais le contour des corps n'est pas une pure invention de notre esprit ; il arrête le regard ou la main. Ainsi c'est quand les élans du corps sont refoulés que la continuité de l'espace se trouve brisée et que les objets apparaissent devant nous. Et si l'on peut accepter toutes ces formules par lesquelles Wundt réduit les créations mathématiques à des expériences de pensée, Bradley à des opérations idéales, et Goblot à des constructions mentales, c'est à condition de ne pas méconnaître qu'aucune expérience pure n'est possible autrement que par l'imagination d'une certaine expérience réelle. Par là on revient naturellement à la conception de Rignano pour qui toute construction intellectuelle emprunte sa valeur à une construction manuelle qui la sous-tend.

Les mathématiques sont un langage par lequel nous désignons les objets qui ne se distinguent que par leur place dans l'espace. Mais les nombres, les figures, ne peuvent pas être séparés des mouvements organiques qui nous permettent d'effectuer certaines opérations sur les choses. Ces opérations sont elles-mêmes sur le trajet de l'énergie cosmique qui est drainée par notre corps et restituée au milieu où nous vivons. Ce qui montre qu'on ne peut donner aucune signification à des actes d'un esprit pur et que chacune de nos démarches intellectuelles s'enracine dans tout l'univers et en est solidaire. Le mathématicien accomplit un ensemble de gestes différenciés par lesquels, à travers des calculs et des figures, « il rejoue à son usage le drame de la nature et le préfigure au point de prévoir celle de ses péripéties qui intéresse son action ». Il a trouvé des moyens d'identifier le réel, d'en donner à tous ses semblables une désignation précise. Ainsi le berger qui ne sait pas compter peut craindre d'avoir perdu ses moutons, mais dès qu'il a appris à le faire, son inquiétude est apaisée ; il peut *rendre des comptes*.

On ne s'étonnera pas que le mathématicien dispose d'une multiplicité de chemins différents pour résoudre le même problème. Car il cherche à donner aux procédés qu'il emploie la cohésion la plus rigoureuse, mais il cherche en même temps à les adapter au réel d'une manière aussi parfaite qu'il est possible. Le défaut de correspondance des schémas qu'il utilisait avec les nouveaux aspects de l'expérience l'oblige à assouplir ces instruments trop rigides. Cet assouplissement se poursuit d'une manière ininterrompue : c'est lui qui constitue l'histoire des mathématiques. On y voit la puissance d'invention de l'esprit croître en proportion de sa docilité même à l'égard du réel.

Une telle analyse suffira pour nous donner une idée assez précise d'une méthode qui reçoit de nouveaux développements dans l'explication du monde perçu. Ici on nous montre d'abord le rapport entre le dynamisme intellectuel et la construction d'un système nerveux que ce dynamisme dépasse toujours et ne cesse de gouverner. Mais les deux conceptions les plus remarquables sont peut-être celles de l'espace perçu et du corps perçu. M. Maugé se fonde avec beaucoup de justesse sur l'hétérogénéité entre les images visuelles et les images tactiles pour établir que c'est la conscience même des mouvements que nous devons accomplir pour les faire coïncider qui engendre notre perception de l'espace. Or, ce qui constitue l'originalité de notre corps, c'est qu'en lui les images visuelles coïncident précisément avec les images tactiles : et c'est cette coïncidence qui, en supprimant l'intervalle, produit l'adhérence du moi à ce corps que nous appelons le nôtre. Mais ce corps est aussi pour un observateur étranger une sorte de projection dans son champ de conscience de ce que ses sens laissent filtrer de notre propre vie intérieure ; dans cette projection, c'est, nous dit-on, le réel qui se

144

montre ; il vaudrait mieux dire que c'est notre apparence réalisée : en tout cas ce n'est point l'esprit, dont les actes sont toujours intérieurs à lui-même et rigoureusement incommunicables. Mais c'est ici sans doute, au point de rencontre de la conscience et du corps, que nous saisissons le mieux le rapport de l'esprit et du réel : non point que l'esprit qui n'est qu'une conscience virtuelle puisse être confondu avec la conscience réelle qui est une unité toujours menacée et toujours rétablie, ni que le réel puisse être confondu avec le corps qu'il déborde de toutes parts, mais dans le rapport de la conscience et du corps on dispose d'une expérience privilégiée où chaque esprit se montre à nous d'abord comme l'agent de la pensée et non point comme son objet, ensuite comme une initiative toujours renaissante qui trouve dans le corps à la fois un obstacle et un instrument ; mais le corps est aussi le phénomène par lequel l'esprit se manifeste, et l'organisme dans lequel il s'incarne de manière à prendre place dans un monde où il puisse porter témoignage pour lui-même et entrer en communication avec tous les autres esprits.

13 mars 1938.

V. ÊTRE ET CONNAÎTRE

Le problème des rapports du connaître et de l'être domine toute la spéculation philosophique : car il met en jeu l'acte essentiel par lequel toute conscience s'interroge sur elle-même, c'est-à-dire l'acte qui la constitue et qu'elle ne peut accomplir sans chercher à justifier sa validité. Ces deux termes, être et connaître, sont corrélatifs l'un de l'autre. Il est impossible de les penser isolément. D'un être qui ne serait pas connu, nul au monde ne pourrait parler ; et une connaissance privée de tout lien avec l'être ne serait la connaissance de rien. La connaissance, en effet, est la quête de l'être, et si elle le manque nous disons qu'elle est fausse et illusoire : mais elle l'est toujours jusqu'à un certain point, parce qu'elle ne peut nous donner de l'être qu'une représentation qui n'a de sens que pour nous ; cette représentation est toujours subjective et inachevée, car il faudrait, pour être parfaite, qu'elle vînt coïncider avec l'être lui-même ; or, dans cette coïncidence, la connaissance serait abolie et l'être même ne serait plus posé.

C'est donc, dira-t-on, qu'il ne faut plus définir la connaissance comme un effort du sujet pour obtenir une image fidèle d'un être préexistant : non seulement nous ne savons rien d'un tel être que par la connaissance, mais encore nous pouvons dire qu'il est posé dans et par la connaissance elle-même ; alors il n'y a point d'autre être que la représentation, qui est moins l'objet de la connaissance que son produit. Seulement, on ne réussit point pour cela à abolir l'être au profit du connaître, car on est obligé à la fois d'avancer qu'il y a un être du connaître et qu'il y a dans le connaître des degrés et des différences de valeur, de telle sorte qu'il doit être capable de se rectifier et de s'enrichir indéfiniment, afin d'acquérir précisément cette plénitude d'être vers laquelle il tend, mais sans jamais y prétendre.

Ainsi les deux doctrines auxquelles on a donné les noms d'idéalisme et de réalisme ne combattent que pour des formules, comme il arrive souvent en philosophie : car elles s'accordent sur cette vérité évidente que l'être et le connaître sont inséparables l'un de l'autre, bien qu'il y ait entre eux un intervalle qui permet au réalisme de poser l'être comme une chose à laquelle le connaître s'applique, mais sans parvenir à l'épuiser, à l'idéalisme de le poser comme la perfection du connaître, qui pourtant ne s'achève jamais. Or, en réalité, l'être et le connaître sont contemporains l'un de l'autre : le temps n'est rien de plus que la démarche qui les dissocie et qui nous oblige, par une illusion d'optique, à considérer tour à tour chacun d'eux comme antérieur à l'autre. Le problème est seulement de savoir si, comme on le croit presque toujours, ces deux termes sont homogènes et ne diffèrent que comme le partiel du total, l'inachevé de l'achevé et l'imparfait du parfait, ou si la connaissance forme un monde nouveau, étranger lui-même à l'être, illusoire par nature, et qu'il faudrait toujours traverser et dépasser pour avoir accès dans l'être véritable.

*

Telle est précisément la thèse qu'a essayé de défendre M. Paliard dans un ingénieux petit ouvrage intitulé le *Théorème de la connaissance* (Aubier), qui se présente, comme *l'Ethique*, sous une forme géométrique, et qui étudie avec beaucoup de profondeur l'origine de la connaissance, ses différentes espèces et la manière dont chacune d'elles considère l'être, s'en écarte, et le dissimule toujours derrière quelque voile, qu'il nous appartient de déchirer pour que sa révélation puisse nous être donnée.

La proposition fondamentale que M. Paliard entreprend d'établir, c'est que « la connaissance est une réflexion de la vie sur elle-même ». Ce qui suffit à montrer à la fois que la vie est incapable de se connaître immédiatement, qu'elle ne peut y parvenir que grâce à une sorte de repliement ou de retour sur elle-même, et que dès qu'elle commence à se connaître c'est toujours comme extérieure à soi et par conséquent comme autre qu'elle n'est. Or, vivre, c'est exister, ou être en soi ; la vie est donc irréductible à la connaissance, bien qu'en réfléchissant sur elle elle nous permette de devenir un esprit connaissant. Connaître et exister ne pourraient par conséquent s'identifier que dans cette *pleine conscience de soi*, où le Verbe et la Vie ne font qu'un. Car seule la pleine conscience de soi peut se justifier elle-même ; seule elle est à elle-même sa propre vérité. Ici le sujet ne peut pas avoir d'autre objet que lui-même ; il n'y a rien qui s'impose à lui du dehors ; il produit à la fois sa propre pensée et sa propre réalité. Mais cette pleine conscience de soi, qui est identique à la vérité totale, est refusée à l'homme. Il ne possède qu'une vérité imitée formée de parcelles de vérité qu'il cherche à relier entre elles. Seulement, la conscience humaine n'existe qu'en cherchant à devenir la pleine conscience de soi.

Entre la pleine conscience de soi et la conscience humaine, il y a donc un intervalle que le propre de la connaissance est de remplir : et si l'être ne se réalise que dans la pleine conscience de soi, dans la parfaite intériorité de soi à soi, la conscience humaine tend vers elle et l'imite par la connaissance. Mais la connaissance est affirmation ou représentation de l'être ; elle n'est pas elle-même un être : connaître, c'est n'être pas ce que l'on connaît. L'être est donc présent à la connaissance, mais comme extérieur à elle. L'être affirmé n'est pas l'intimité même de l'être : il n'en est que la traduction ou l'apparence. La connaissance ne nous permet pas de pénétrer le dedans même de l'être : elle ne nous en révèle que la surface. Le sujet et l'objet s'opposent à l'intérieur de la connaissance et pour que la connaissance soit possible. Ni l'un ni l'autre ne sont à proprement parler des êtres. Car l'être de l'objet est le même que l'être du sujet ; ils s'identifient dans l'unité de la vie, et ils ne semblent deux que dans la connaissance et pour que la connaissance soit possible. Cependant, l'objet ne peut nous paraître extérieur à la connaissance qu'en lui devenant pourtant intérieur dans son apparence même, de telle sorte que la connaissance est déjà un commencement d'intériorité, une imitation de la parfaite conscience de soi. Elle est médiatrice entre celle-ci et la multiplicité du donné sensible. C'est pour cela aussi qu'elle est toujours ordre et liaison, que le sujet est seulement une activité qui lie et non point une activité pure, qu'il est la pensée de l'objet, et non pas la pensée de lui-même. S'il n'en était pas ainsi, il n'y aurait rien en lui de reçu ni de subi ; il n'y aurait plus pour lui d'objet : le même acte indivisible lui permettrait à la fois de se connaître et de se faire.

Il y a trois sortes de connaissance que M. Paliard classe dans un ordre inverse de l'ordre habituel, parce que le propre de la connaissance n'est pas pour lui de tendre vers la parfaite objectivité, mais au contraire vers la parfaite intériorité : nous trouvons alors d'abord la connaissance scientifique ou connaissance par *concept*, ensuite la connaissance individuelle, ou connaissance par *percept*, enfin la connaissance intérieure, c'est-à-dire la connaissance du sujet par lui-même, ou connaissance par *sentiment*.

La vie échappe au concept, mais le concept cherche à l'égaler par la pensée de l'ordre qui règne entre toutes les parties de la nature. Le concept est un intermédiaire entre la dispersion absolue des choses et la pure idée d'un ordre parfait et achevé. Il exprime tout à la fois une anticipation de l'ordre et un arrêt, un repos ou un relais dans la recherche de l'ordre. Mais les concepts ne s'appellent pas les uns les autres, comme on le croit souvent, par une sorte de nécessité mécanique. Ils forment un édifice qui suppose un architecte. Cet architecte est l'esprit. L'acte fondamental de l'esprit est le jugement, qui imite l'acte même de la création. Il est un refus du réel, mais qui est destiné à se changer en un consentement plus subtil. Car l'âme du jugement est le oui et le non. Il est un refus d'abord, mais parce qu'il est incapable de ratifier le réel autrement qu'en l'enserrant dans ses propres liens, en le soumettant à la loi de l'ordre. La diversité même dans laquelle l'ordre est introduit est tantôt créée par l'esprit, comme en mathématiques, tantôt offerte par l'expérience, comme dans les sciences de la nature : ici, on observe un double mouvement de l'idée au fait et du fait à l'idée ; ici, l'on peut dire tour à tour que le fait s'idéalise et que l'idée se réalise ; et, dès lors, on comprend que la science exprime la puissance que l'homme peut acquérir sur la nature : cette puissance à laquelle il participe en tant qu'il est lui-même vivant, il en dispose dans la mesure où il la réfléchit. Et c'est par le concept qu'il tend à l'égaler à la nature tout entière.

Seulement il ne faut pas oublier que le concept, bien qu'il soit universel, ne peut jamais être l'objet que d'une pensée individuelle. Or, le propre de l'individu, c'est de se représenter le monde selon la subjectivité d'un point de vue. Telle est précisément la nature du *percept*. Ce qui suffit à montrer pourquoi la connaissance par concept requiert toujours la connaissance par percept, pourquoi le percept contient lui-même un ordre implicite, pourquoi il est à la fois fait et idée, pouvoir et savoir, pourquoi il n'est pas une réflexion, mais n'est possible que parce que l'homme est capable de réfléchir. Il est une transition entre la pensée et la vie. Mais il est remarquable que la subjectivité du point de vue puisse être saisie sous la forme d'un objet : cet objet est notre corps, comme le montrent tous nos déplacements. Et nous nous trouvons ici en présence d'une sorte de cercle par lequel nous rapportons tout objet à notre point de vue et faisons de notre point de vue lui-même un objet : il y a donc une illusion qui est naturelle au percept, c'est celle qui consiste à affirmer comme être ce qui ne peut être posé que dans la subjectivité de notre point de vue. Et nous comprenons maintenant pourquoi la philosophie a toujours été tiraillée entre deux idolâtries de sens opposé : celle du concept et celle du percept, celle du réalisme intellectualiste et celle du réalisme matérialiste. En réalité le concept et le percept expriment deux fonctions différentes de la connaissance ; le propre du concept, c'est de nous permettre d'affirmer que l'être est, bien que d'une manière purement abstraite ; le propre du percept c'est de le mettre en rapport avec notre subjectivité individuelle : mais, précisément, pour cette raison il suggère déjà cette existence en soi qui ne peut être atteinte que par le sentiment.

M. Paliard définit le sentiment comme « une certaine détermination de la conscience de soi où le sujet se prend lui-même pour objet ». Je puis aimer une autre personne et non pas moi-même ; mais dans cet amour d'un autre je me connais moi-même l'aimant.

Au-delà du concept qui ne pose que l'être abstrait, et du percept qui ne pose que le point de vue sur l'être, le sentiment dans lequel la réflexion s'achève est la connaissance d'un être individuel qui se voit lui-même vivre. Il est une image de la pleine conscience de soi où le savoir et son objet sont intérieurs l'un à l'autre : il est une intériorité imparfaite qui est déjà la promesse de l'intériorité véritable. Ainsi, le sentiment est toujours singulier, mais il aspire toujours à l'universel, qui, lui, ne peut être atteint que par la pleine conscience de soi. C'est pour cela qu'il n'y a pas de sentiment qui n'implique tous les autres sentiments, actuels ou possibles, et qui en un certain sens ne les appelle. Cette « implication sentimentale », comme parle M. Paliard, ne trouvant dans le moi lui-même aucune représentation continue capable de la soutenir, la cherche dans le spectacle que le monde lui offre. Alors l'être qui perçoit cesse d'agir et commence à contempler. Et la beauté du monde lui apparaît où le sentiment se réfléchit en connaissance de lui-même : elle est l'expression d'une plénitude secrète dans laquelle l'esprit se retrouve avec tous les degrés possibles d'intimité. La beauté symbolise le rayonnement de la vie spirituelle dans les choses. On comprend donc comment elle surpasse la conscience individuelle. A cet égard, elle symbolise avec la vérité. C'est une connaissance incommunicable qui ressemble à une révélation. En elle l'activité de l'esprit s'exprime et se contemple à la fois. L'homme y reconnaît comme une réalisation de toutes les possibilités de sentir et de savoir qu'il portait en lui. Elle est l'imitation la plus proche de la conscience de soi. Il n'y a rien d'humain qui imite mieux le divin.

Mais le propre de la sincérité, c'est d'être une aspiration à sortir de toutes les illusions inséparables de la connaissance, une aspiration à la pleine conscience de soi. Elle est donc le principe de la vie morale, et la source de toutes les vertus. Mais, pour cela, il ne faut ni qu'elle se complaise dans cette seule aspiration par une sorte de narcissisme, ni qu'elle se contente de ces fausses clartés par lesquelles elle empêche une telle aspiration de s'épanouir. Et comme l'illusion par laquelle la conscience humaine dissimule l'âme à elle-même est la condition sans laquelle elle n'existerait pas, on peut dire que les illusions ont pour rôle de lui donner toujours quelque chose à sacrifier. La véritable sincérité est une incessante purification intérieure, une incessante dépossession. Dès lors, si notre existence se développe à travers les illusions de la conscience, il lui appartient de les surmonter en tournant son regard vers Dieu, qui est la pleine conscience de soi et le lieu de toutes les âmes. Dieu est défini comme le *verbe de la vie*, qui est aussi la réflexion totale ; c'est en lui que chacun de nous voit son âme. C'est ainsi que la mort nous sépare de la vérité imitée et qu'elle efface cette figure que prend la vie selon les lois de la vérité imitée. A celle-ci nous demeurons attachés mais en gardant en nous l'espérance du vrai savoir. Là est la raison pour laquelle nous sommes « comme tristes et pourtant dans la joie ».

Tel est cet ouvrage si plein et si suggestif et qui nous montre ce qui manque à la fois au concept, au percept et au sentiment pour nous donner la conscience parfaite de l'être et de la vie. Il faut les traverser, mais les dépasser, si l'on ne veut point succomber à l'illusion de l'abstraction, de l'apparence phénoménale ou de la beauté. On craint seulement qu'en ne voyant en elles que des illusions, on nous rende attentif à ce qu'elles ne peuvent pas nous donner plutôt qu'à ce qu'elles nous donnent, qui est déjà une participation à l'être et à la vie. Il arrive qu'elles servent en effet à nous dérober, comme le veut M. Paliard, tous nos manquements à l'amour : mais il ne faut pas que, dans l'amour, elles viennent s'abolir, pour qu'on ne voie pas s'abolir aussi cette existence personnelle et ces moyens de communication entre les personnes sans lesquels l'amour lui-même ne pourrait ni naître ni s'exercer.

28 février 1939.

VI. LA PREMIÈRE VÉRITÉ

Il n'y a qu'une philosophie, comme il n'y a qu'une vérité. Et cette certitude, qui procède d'un acte de foi de la conscience en elle-même, est pour chacun de nous une exigence, puisqu'elle nous interdit de nous contenter de l'opinion ou de la vraisemblance, et une sécurité, puisqu'elle nous permet d'appeler tous les autres êtres en témoignage et de trouver en eux une épreuve et un soutien. De là ces admirables rencontres qui se produisent entre les plus grands esprits, précisément dans ce qu'ils ont de plus grand. De là la possibilité pour chaque esprit de garder sur le réel une perspective qui n'appartient qu'à lui seul, et qui exprime à la fois son originalité et ses limites. Mais de là aussi un jugement qu'il porte sur lui-même par ce qu'il accepte, par ce qu'il refuse, par le niveau de pensée où il consent à s'établir, et par les idées mêmes qu'il se montre incapable de comprendre ou d'assumer.

Mais s'il y a ainsi une unité de la vérité philosophique dont toutes les affirmations particulières forment les modes ou les degrés, c'est précisément parce que l'unique objet de la réflexion du philosophe c'est l'activité de l'esprit, d'un esprit qui est le même pour tous, mais auquel les individus participent de la manière la plus inégale selon la pureté en eux du regard ou du désir. Il n'y a rien qui soit étranger à l'esprit : c'est en lui que tout ce qui est, que tout ce qui peut être, trouve à la fois son origine et sa signification. Seulement, il ne se laisse ni capter, ni forcer. Il est la liberté même dont l'usage nous est incessamment proposé, mais qui ne serait pas la liberté si nous ne pouvions la récuser et choisir l'asservissement.

Dans la connaissance scientifique, l'accord se fait sur l'objet qui s'impose à nous et nous impose les concepts qui nous en rendent maître. Dans la réflexion philosophique l'accord se fait sur la présence dans tous les êtres d'une même initiative spirituelle dont la mise en jeu est entre leurs mains, qui dès qu'elle se manifeste commence à les diviser, mais en les obligeant ensuite à se rapprocher dans la mesure où elle devient elle-même plus pleine et plus parfaite. De son action insuffisante et entravée, ils ne cessent de faire appel, par une sorte de mutuelle médiation, à une action plus puissante et plus libre, sans que jamais pourtant ils puissent obtenir une coïncidence entre leurs pensées, puisque ce serait abolir leur indépendance et l'originalité de leur vocation particulière : mais ce sont ces différences mêmes qui, dès qu'ils parviennent à les comprendre, les unissent, au lieu de les séparer.

Il ne faut donc pas s'étonner que les plus grands de tous les philosophes aient concentré toute leur méditation sur cet acte fondamental par lequel la conscience entre dans l'existence et dont dépendent à la fois tout ce que nous pouvons connaître et tout ce que nous pouvons faire. C'est là *la première vérité* qui doit porter à elle seule le poids de notre pensée et de notre vie, et qui leur donne leur signification et leur valeur. Il n'y a pas de doctrine qui ne la suppose, et au fond de laquelle elle ne soit toujours présente, même quand elle n'est point formulée. En France, Descartes et Maine de Biran lui ont donné un relief particulièrement saisissant : l'un en la définissant par l'acte de pensée qui est constitutif de mon être même, l'autre en la réduisant à une initiative volontaire qui est déjà présente dans tout acte de pensée et qui lui donne son ébranlement. C'est là sans doute que réside ce premier commencement toujours offert et toujours disponible, cette genèse de soi qui est en même temps la genèse de toutes choses, qui nous découvre le réel dans l'opération même par laquelle il se fait, et auquel nous donnons le nom de liberté.

Or tel est le problème fondamental auquel s'est appliquée la réflexion de Jules Lequier, penseur trop peu connu qui appartient à la première moitié du XIXe siècle, qui n'avait lui-même rien publié, mais dont on savait que l'influence avait été grande sur l'esprit de son ami Renouvier, qui lui devait sans doute l'inspiration maîtresse du néo-criticisme. Celui-ci avait édité en 1865 une partie de son œuvre posthume sous le titre *la Recherche d'une première vérité*, et M. Dugas en avait donné une réimpression en 1924. Mais M. Jean Grenier vient de faire paraître sous le titre *la Liberté* (Vrin) un nouveau volume extrêmement remarquable, formé de textes inédits dont il nous présente une précieuse interprétation d'ensemble dans un autre ouvrage consacré à *la Philosophie de Jules Lequier* (Belles-Lettres). La méditation de ces deux livres est pour nous singulièrement instructive : M. Grenier nous décrit avec beaucoup de pénétration la carrière intellectuelle dramatique de ce polytechnicien catholique, de ce Celte violent et tourmenté qui avait traversé une crise de folie et terminé peut-être ses jours par le suicide, de cet adversaire du panthéisme qui avait creusé le problème de la liberté jusqu'au point où la raison paraissait elle-même s'y perdre ; il nous montre les différentes influences qui s'étaient exercées sur lui, celle des penseurs du moyen âge, celle de Fichte, et probablement celle de Lamennais. Il rectifie l'image tendancieuse que nous en avait donnée Renouvier en faisant de lui le philosophe de la liberté, mais en négligeant cette interprétation philosophique des dogmes catholiques qui fut sans doute l'une des préoccupations essentielles de sa vie. Il nous montre l'usage que pouvait faire ce mathématicien de la probabilité pour introduire un lien entre la liberté et le déterminisme ; il nous permet d'apercevoir dans sa doctrine une ébauche du bergsonisme par le rôle privilégié qu'il attribue au temps, qui trouve place jusque dans l'éternité divine. Et la renaissance que l'on observe chez certains de nos contemporains d'une métaphysique de l'Acte et de la Personne peut trouver en lui une sorte de précurseur.

*

Jules Lequier a scruté la signification du « Je pense, donc je suis » de Descartes en cherchant à remonter au-delà de la pensée elle-même jusqu'à l'acte qui l'engendre et sans lequel elle ne serait rien. Et au-delà de la pensée, ce qu'il trouve, c'est le *Fiat* par lequel se traduit ce pouvoir d'être ou d'exister, ce pouvoir de se faire qui subordonne toujours la connaissance à la recherche de la connaissance et la pensée même à la volonté de penser. Or qu'est-ce que vouloir, sinon faire quelque chose de rien, accomplir une opération dont le propre est précisément de se produire elle-même ? Tel est le centre, en effet, de toutes les méditations de Lequier : ce qu'il a essayé d'atteindre, c'est un être qui tient de soi, *a se*, son existence même ou sa raison d'être, c'est ce pouvoir de se réaliser que les scolastiques appelaient l'*aséité*. Et sans doute on dira que c'est là le caractère d'une puissance infinie qui ne subit nulle part aucune limitation, c'est-à-dire de la puissance divine. Mais à cette puissance nous participons nous-même de quelque manière par l'usage que nous faisons de notre liberté. Car cette liberté, on peut bien dire que nous l'avons reçue, mais elle n'est nôtre que si nous consentons à la mettre en œuvre ; et alors elle nous permet de nous donner l'être à nous-même. L'être que nous trouvons en nous, ce n'est pas un être tout fait, c'est la possibilité même de le faire, dont l'origine est au-dessus de nous, et dont la disposition est en nous. C'est ce qui explique le sens à la fois de cette formule à laquelle Renouvier avait déjà donné une juste célébrité : *faire, et, en faisant, se faire*, qui est la formule même de la liberté et de cette autre formule qui donne à la première sa véritable portée : que le propre de l'homme est de *faire*, et de Dieu de *faire faire*. Ce qui nous oblige à admettre une certaine univocité entre le Créateur et la créature, à penser que la liberté de Dieu est le type de la liberté de l'homme, et que l'homme est l'auteur de ses actions par sa liberté, sans être pourtant l'auteur de sa liberté.

On peut dire que pendant sa vie tout entière Lequier n'a cessé de défendre la liberté humaine contre tous les arguments qui pourraient être tirés de la toute-puissance de Dieu ou de son omniscience. La première difficulté réside dans cette éternité divine qui semble envelopper en elle la totalité de l'être, de telle sorte que la distinction des moments du temps n'aurait plus de sens qu'à l'échelle de l'homme, et ne serait que le moyen même de sa limitation. Saint Thomas nous dit que le propre de l'éternité c'est d'être *tota simul*, ou encore d'être un *nunc* qui ne connaît pas la différence de l'avant et de l'après. Or cette différence entre l'avant et l'après paraît essentielle à l'exercice de notre liberté, dont le rôle est d'introduire sans cesse dans le monde quelque événement nouveau et imprévisible. Dès lors on peut se demander si les termes *tota simul* expriment en effet la véritable essence de l'éternité divine. Cette simultanéité embrassée en un seul regard procède de l'espace ; et l'on se demande pourquoi, quand il s'agit de Dieu, l'espace jouirait d'un privilège par rapport au temps. Sur ce point Lequier croit pouvoir s'accorder plus aisément avec Duns Scot qu'avec saint Thomas, bien qu'ils se servent souvent des mêmes formules. Mais Lequier trouve dans Scot une tendance à admettre l'existence d'une *éternité successive* telle que Dieu durerait dans le temps, mais sans changer au cours du temps, ce qui lui permettrait de demeurer présent à toutes les démarches de la liberté humaine sans les abolir dans l'unité du même acte intemporel.

On voit la dignité qu'une telle conception accorderait de nouveau au temps, qui serait contenu d'une certaine manière dans l'éternité au lieu d'exprimer sur elle une suite de vues partielles et évanouissantes. Alors le temps mobile devient compatible jusqu'à un certain point avec l'immuable éternité. Il s'agit maintenant de chercher si les actions futures qui dépendent de notre liberté peuvent être connues de Dieu avant que notre liberté elle-même se soit décidée. Or on se rappelle le dilemme classique dans lequel nous enferme le problème de la prescience divine : si Dieu sait par avance tout ce que nous ferons, comment serions-nous encore libres ? Et s'il ne le sait pas, comment serait-il lui-même omniscient ? Mais Lequier aime mieux encore paraître porter atteinte à l'omniscience de Dieu qu'à la liberté de l'homme. La solution qu'il donne de cette difficulté présente un caractère singulier de profondeur en introduisant entre le possible et l'être une distinction valable également pour Dieu et pour nous. Avant qu'un événement se soit accompli, il n'y a ni vérité ni fausseté en ce qui le concerne, puisqu'il n'est encore rien et que rien ne peut en être affirmé. Mais la liberté fait la vérité de l'acte qu'elle produit en le produisant. Seulement une fois que cet acte est passé je le considère comme occupant dans l'ensemble des choses une place désormais immuable. Alors j'imagine que puisque mon regard peut l'atteindre maintenant qu'il a eu lieu, un regard plus puissant que le mien aurait pu l'atteindre aussi avant qu'il ait eu lieu. En cela consiste mon erreur. J'oublie qu'il y a eu un temps où cet acte n'était rien, où il ne pouvait y en avoir aucune connaissance ni en Dieu ni en moi. C'est seulement quand l'avenir est passé qu'il se transforme en objet auquel la connaissance s'applique. Mais Dieu ne connaît l'avenir que comme avenir, comme contingent, comme possible, non point comme nécessaire, c'est-à-dire comme déjà réalisé. Il voit en acte les choses qui sont en acte, et en puissance les choses qui sont en puissance. Non point d'ailleurs que le choix que nous ferons entre les possibles reste pour lui purement indéterminé, car chaque acte déjà accompli pèse sur nos actes à venir et contribue à changer notre liberté, de telle sorte que le domaine sur lequel elle règne va toujours en se rétrécissant. Dieu connaît donc le probable comme probable, ce qui laisse un champ à sa prescience et nous permet de considérer la nécessité comme une limite de la probabilité.

Il n'est donc pas vrai qu'il y ait à proprement parler une prédestination de l'homme par Dieu, car l'homme fait lui-même son propre destin, à travers toutes les épreuves, il est vrai, auxquelles Dieu l'a soumis. Ainsi le mystère de la liberté est le même que le mystère de la création. Et M. Grenier peut dire que la philosophie de Lequier est « une prise au sérieux du mot créer ». Mais Lequier a cherché avant tout à montrer que sa philosophie était en accord avec la religion catholique, à laquelle il était profondément attaché. Il maintenait l'existence de deux sortes de vérités : celles qui appartiennent à la raison et ont pour objet la connaissance du monde avant la chute ; celles qui appartiennent à la révélation et qui dépendent de la chute, c'est-à-dire d'un fait contingent qui aurait pu ne pas avoir lieu. La Trinité se retrouve à la fois en l'homme et en Dieu : en Dieu elle exprime cette liaison de la puissance de l'intelligence et de l'amour qui permet à l'esprit pur de faire société avec lui-même ; mais en nous c'est la puissance seule qui traduit l'*aséité*. Le Verbe, c'est la liberté divine en exercice : il est engendré et non pas créé ; et dans l'incarnation Dieu lui-même se dépouille de son éternité pour participer au temps. L'œuvre de l'Amour enfin ne sera consommée que par la rédemption : et, pour donner toute sa force à la solidarité de toutes les âmes dans une société spirituelle véritable, Lequier veut que la rédemption des damnés soit l'effet des mérites des bienheureux.

*

Tels sont les principes généraux de cette philosophie dont on peut dire qu'elle est avant tout une philosophie de la liberté, mais d'une liberté qui me fait dépendre d'un autre que moi dans le don qui m'en est fait, et de moi seul dans l'usage que j'en fais : elle est une « dépendance indépendante ». Elle me rend de quelque manière semblable à Dieu ; en moi et en Dieu, elle est le pouvoir de dire *Sit*. C'est là une première vérité dont on ne peut pas dire qu'il y ait proprement expérience, puisqu'il n'y a expérience que de ce que l'on fait, et non pas de ce que l'on ne fait pas ou de ce que l'on ne pourrait faire. Elle ne peut être que postulée ; et l'on peut dire qu'il n'y a rien en elle qui me contraigne de l'affirmer. Car on ne peut pas prouver la vérité, on ne peut que la montrer, mais l'admet qui veut : et « c'est par un acte de liberté qu'on affirme sa liberté ».

La vraie métaphysique devient ainsi « un enchaînement de principes qui s'appellent les uns les autres à l'exception de l'anneau de la liberté qui repose sur soi ». Lequier n'a jamais cessé de fixer son regard sur le miracle de l'acte, sur ce premier commencement absolu qui nous donne l'existence ; il n'a point cru que la raison pût en être dissociée : car le concours de la volonté qui accepte et de l'intelligence qui montre constitue l'acte double par où la raison humaine se pose et se conçoit elle-même, cette raison qui n'est faillible que parce qu'elle reste toujours indivisible de la liberté. Ce savant sent bien qu'il est ici au-delà de toute science, mais il sent qu'il est à la source même de l'Etre, dans cet ultime fonds où seuls peuvent atteindre les plus grands esprits et les âmes les plus simples. Ainsi nous l'entendons s'écrier, dans un enthousiasme plein de feu : « Nous nous sommes rencontrés, ô Fichte ! La pensée de toute ma vie m'a conduit dans cette terrible solitude que t'ouvrit un jour une des méditations de ton génie. » Mais nous l'entendons ajouter aussi que la découverte de la vérité est à la portée du charbonnier comme du savant : « Le charbonnier est aussi bien apte à découvrir la vérité que le savant consommé, par cela seul qu'il est un homme et qu'il a droit à la vérité, que Dieu a dû la mettre à sa portée et comme sous sa main. »

4 décembre 1938.

VII. LES DEUX CONSCIENCES

Il peut paraître étonnant d'entendre parler de deux consciences, puisque le propre de la conscience, c'est au contraire d'embrasser dans la même unité tous les objets possibles de notre pensée. Dès que notre conscience commence à fléchir, notre représentation du monde se disperse et nous échappe, notre moi se perd en états flottants ; dès qu'elle se reprend, le monde retrouve une organisation où nous occupons nous-même une place ; la multiplicité des objets se rassemble dans l'unité du regard, qui n'est que l'unité du sentiment intérieur. On distingue bien parfois la conscience psychologique qui nous donne la connaissance de nous-même et de ce qui nous entoure, et qui disparaît quand on perd conscience, comme dans la syncope ou dans l'anesthésie, et la conscience morale qui dirige et juge notre conduite, et qui parfois aussi peut s'éteindre, comme quand on dit d'un homme qu'il est sans conscience. Mais il faut pourtant que ce soit la même conscience qui connaisse et qui juge : car c'est le même moi qui cherche à se représenter le réel et à reconnaître parmi ses différentes actions quelle est la meilleure. Et pourtant la distinction même de la conscience psychologique et de la conscience morale nous permet de soupçonner une opposition plus profonde entre deux consciences différentes dont l'une est une conscience de fait, qui nous découvre la représentation purement subjective que nous nous faisons du monde, ou encore l'appréciation individuelle que nous portons sur le bien et le mal, l'autre une conscience de droit, qui cherche une représentation du réel, une appréciation de l'action, dont la valeur puisse être reconnue universellement. Bien que ces deux sortes de consciences soient très différentes l'une de l'autre par leur origine et par leur dignité, il semble qu'il soit impossible de les séparer, car l'unité de la conscience, c'est l'unité d'un dialogue qu'elles ne cessent d'entretenir. Dans ce dialogue entre le fait et le droit nous cherchons toujours à prendre possession d'une connaissance qui nous est donnée, mais afin de lui demander des titres et des préférences que nous trouvons au fond de nous-même, mais afin de chercher si elles sont légitimes.

La même opposition se présente sous deux autres formes encore : on peut dire en premier lieu que toute conscience est d'abord *ma* conscience, de telle sorte que ses affirmations sont toujours les miennes et ne valent que pour moi, ce qui leur donne un caractère d'intimité singulièrement émouvant ; et qu'elle est en même temps *la* conscience tout court, à laquelle je participe d'une manière limitée et imparfaite, à laquelle je ne cesse de faire appel pour enrichir mes connaissances ou pour rectifier mes jugements, qui demeure comme un témoin entre moi et les autres hommes et nous permet à la fois de nous comprendre et de nous accorder. Si on remarque en second lieu que nous ne pouvons jamais sortir de la conscience, qu'il est même absurde d'imaginer qu'on puisse le faire, puisque tout ce que nous posons hors de la conscience, c'est encore la conscience qui le pose, on ne trouvera pas étonnant que l'acte de la création ne puisse être pensé que comme l'acte même d'une conscience qui nous dépasse. Mais alors nous retrouvons la distinction que nous faisions tout à l'heure entre notre propre conscience, qui se donne à elle-même l'expérience d'un monde que nous n'avons pas fait, et une conscience absolue, mais avec laquelle nous demeurons toujours en relation, et par laquelle le monde lui-même semble, en se produisant, produire ses propres raisons. Il est impossible sans doute d'établir entre ces deux consciences une véritable séparation. Le témoignage intime suffit à montrer que notre conscience réelle veut être tout à la fois individuelle et universelle, empirique et rationnelle, représentative et créatrice : sa vie propre consiste dans un conflit toujours renaissant, dans une harmonie toujours menacée entre ces caractères opposés.

On le voit bien dans une entreprise comme celle de Descartes ou comme celle de Kant. Voyez Descartes : le fait dont il est parti et qui s'exprime par ces deux mots : « Je pense » est, si l'on peut dire, le fait le plus banal et le plus constant, celui qui accompagne les moindres événements de ma vie ; mais je ne m'y intéresse pas, et même je le remarque à peine. C'est la nature de ces événements, c'est leur grandeur et leur qualité qui retiennent toute mon attention, et non point cette observation si secrète et si menue qu'ils ne sont rien pour moi que parce que je les pense. Mais c'est le propre sans doute des esprits les plus puissants et les plus profonds de nous rendre sensible ce que nous avons toujours sous les yeux, de nous découvrir dans une sorte de révélation ce que nous portons toujours en nous et ce que nous avons toujours su. Seulement, c'est cette conscience même que nous en prenons qui tout à coup le rend nôtre et nous en donne la possession. Or, que fait Descartes de cette expérience de la pensée, qui n'est rien de plus que l'expérience que nous avons de nous-même ? Et comment a-t-il pu considérer un fait aussi simple comme capable de porter le double édifice de la science et de la métaphysique ? C'est que si la pensée est bien en effet ma pensée, qui est toujours personnelle et subjective, qui peut être aussi fruste et aussi illusoire que l'on voudra, elle est en même temps la pensée impersonnelle et rationnelle dont on peut dire qu'en vous comme en moi elle n'a de regard que pour la vérité, et qu'elle l'obtient toujours par la même opération et la reconnaît toujours par le même critère. De là la valeur absolue que Descartes attribue à l'évidence et aux idées claires et distinctes auxquelles la pensée authentique, dans l'acte même qui la constitue, ne cesse jamais d'être fidèle. Mais cette valeur à son tour a besoin d'être garantie, et elle ne peut l'être que par la véracité divine ou, si l'on veut, par une conscience universelle dont notre propre conscience ne se détache jamais et qui lui sert toujours à la fois d'arbitre et de modèle.

La pensée de Kant est moins accessible à l'esprit français, bien que l'enseignement universitaire de la fin du XIXe siècle nous l'ait rendue assez familière. C'est que l'acte caractéristique de la conscience n'est pas saisi pour lui par une intuition directe et immédiate, comme il l'est pour les philosophes de notre pays, pour un Descartes ou pour un Maine de Biran. On peut dire que Kant considère la conscience dans l'œuvre même qu'elle produit, c'est-à-dire dans notre expérience ou dans notre science, et qu'il conclut de cette œuvre à l'activité même dont elle procède. Il n'y a point de doctrine dans laquelle l'activité de l'esprit joue un rôle aussi considérable, ni de doctrine dans laquelle cette activité soit plus secrète, sinon pour le philosophe qui réfléchit sur elle, du moins pour le sujet lui-même qui l'exerce. Selon Kant, en effet, toute connaissance est celle d'un objet, soit qu'il s'agisse des objets extérieurs situés dans l'espace, soit qu'il s'agisse de ces objets intérieurs que nous appelons nos états d'âme : on ne s'étonnera donc pas que le pouvoir qui engendre cette connaissance ne tombe pas sous sa loi. Cette analyse présente le remarquable avantage de nous permettre de distinguer entre notre conscience empirique, qui exprime toujours notre perspective particulière sur le monde, c'est-à-dire un ensemble de perceptions et d'images qui n'ont de sens que par rapport à nous, et une conscience transcendantale qui dépasse notre expérience puisqu'elle la fonde, et dont on peut dire que c'est par elle que se constitue un monde qui est le même pour tous et dont il est possible de parler avec vérité.

*

C'est encore la relation entre les deux consciences que l'on voit soumise à un nouvel examen dans une thèse de doctorat soutenue récemment par M. Georges Bénézé sous ce titre original : *Allure du transcendantal* (Vrin.) C'est un livre fort intéressant, à la fois heurté, polémique et tranchant, mais qui réunit deux qualités que l'on voit bien rarement réunies : à savoir le goût d'une réflexion philosophique qui, au lieu de repousser l'absolu, en fait l'origine et la pierre de touche de toutes les démarches de la pensée, et le souci d'une analyse concrète qui serre toujours de très près aussi bien l'observation intérieure que les résultats de la découverte scientifique.

M. Bénézé emprunte au kantisme son inspiration ainsi que son vocabulaire. Mais peut-être sa sympathie la plus profonde est-elle pour Spinoza. D'autre part, on ne saurait méconnaître que l'objet essentiel de sa préoccupation, c'est la réforme introduite par M. Bergson dans la pensée philosophique, c'est-à-dire, selon l'acception où il la prend, une subordination des sens externes, en particulier de la vue, qui nous fournissent du monde un spectacle purement phénoménal, aux sens internes, nommément au sens musculaire et au sens cœnesthésique, qui, parce qu'ils ont notre corps pour unique objet, nous découvrent l'intimité de notre moi et, par voie de conséquence, l'intimité même du réel. Or M. Bénézé rejette le privilège ontologique que l'on voudrait accorder aux sens internes, qui, eux non plus, ne nous font pas connaître l'être, mais seulement le phénomène : on ne peut pas par conséquent leur faire usurper un rôle qui n'appartient qu'à la conscience transcendantale. Mais il est vrai pourtant que lorsque nous cherchons en quoi consiste la véritable réalité phénoménale et que nous essayons de la distinguer de la pure illusion, alors, ce sont les sens internes auxquels il faut faire appel. Ainsi, c'est par rapport à nos sensations cœnesthésiques que nous jugeons de la présence d'un objet : ce sont les sensations de mouvement qui nous permettent d'interpréter les apparences visuelles et de rectifier les erreurs dans lesquelles à chaque instant elles risquent de nous faire tomber. Mais il faut aller plus loin et montrer que la science elle-même, précisément parce qu'elle a un contenu, ne perd jamais contact avec le sensible : or l'une des pensées les plus fécondes du livre et dont nous espérons qu'elle recevra quelque jour de nouveaux développements, c'est qu'il est possible de montrer la part contributive des différents sens dans la constitution du savoir scientifique, et, en particulier, que les paradoxes des mathématiques ou de la physique modernes trouvent leur explication dans une représentation du monde empruntée exclusivement au sens de la vue, c'est-à-dire dépouillée de sa corrélation accoutumée avec l'expérience motrice et musculaire.

Cependant le centre d'intérêt de l'ouvrage est ailleurs. L'auteur, en effet, refuse d'identifier l'opposition de la conscience empirique et de la conscience transcendantale avec celle des sens externes et des sens internes, bien que celle-ci soit utilisée pour nous permettre de distinguer dans le phénomène une forme de représentation créée par la perspective d'une autre forme de représentation à laquelle nous attribuons un caractère de réalité. Mais ce n'est point là que se fait la ligne de démarcation entre les deux consciences. L'important, en effet, c'est de savoir reconnaître la différence entre une conscience pensante et une conscience pensée. Et on comprend facilement à quel point l'introspection nous apparaîtra ici comme une méthode philosophique insuffisante. Elle ne peut rien nous faire connaître de plus, en effet, que la conscience pensée. Mais nous ne disposons d'aucun moyen d'observation qui nous permette de saisir la conscience pensante, puisque ce serait convertir en un objet d'expérience la puissance même qui engendre l'expérience. Seulement, nous sommes libres de prendre en présence du réel deux attitudes différentes : l'attitude empiriste où nous

162

dénombrons les différentes notions et où nous essayons d'en retrouver la genèse historique ; l'attitude rationaliste où nous considérons chacune d'elles par rapport à l'activité transcendantale qui l'a construite. Bien que cette activité elle-même échappe à nos prises et que même on ne craigne pas de dire que nous la posons d'abord par une fiction didactique, la méthode rationaliste est la seule légitime ; car elle nous fournit la règle selon laquelle nous pourrons entreprendre de justifier l'expérience, c'est-à-dire de la rendre intelligible. Ainsi, le présent est le caractère primordial de la conscience, et ce présent de la conscience est défini comme étant « la matrice du monde » : dès lors, on ne peut plus se contenter, comme le fait l'empirisme, de montrer comment les différents aspects du réel s'engendrent eux-mêmes dans le temps, puisque le temps est un produit de la conscience transcendantale et qu'il a besoin lui-même d'être construit.

Par une sorte d'abus des termes, on veut pourtant que le donné, ce soit cette conscience transcendantale dont l'usage courant des mots nous obligerait à dire que c'est la seule chose au monde qui ne puisse jamais être donnée. On l'identifie encore avec le Tout, bien qu'il y ait des difficultés à comprendre comment le Tout lui-même est donné. Mais ce qui importe, c'est de la considérer d'abord comme étant proprement l'Absolu, au-delà duquel on ne remonte pas et qui est le soutien de toute réalité et de toute vérité. Le Tout présente lui-même deux caractères fondamentaux : l'unité, qui fait qu'il est antérieur à toutes ses parties, l'unicité, qui fait qu'en dehors de lui il n'y a rien. L'unité nie qu'il puisse être divisé, et l'unicité, qu'il puisse être multiplié. On comprend dès lors qu'il n'y ait d'autre procédé de pensée que l'analyse. Ce sont là autant de propositions que nous serions prêts à ratifier, si nous n'éprouvions pas quelque inquiétude sur le rapport de cette conscience transcendantale et de la nôtre. Car la conscience transcendantale, nous dit-on, ne nous fournit rien de plus que la forme de nos connaissances dans lesquelles nous allons essayer de rechercher toutes les traces qu'elle a laissées. Il y a donc dans le relatif une image de l'absolu, mais une image imparfaite, comme on le voit, par exemple, quand on observe que la conscience empirique possède l'unité, sans laquelle elle ne serait pas une conscience du tout, mais ne possède pas l'unicité, puisqu'il y a plusieurs consciences. Elle n'est donc par rapport à la conscience transcendantale qu'un reflet.

Par contre, on ne craint pas d'assimiler cette conscience transcendantale avec « la pensée divine absolue ». Mais on se demande en même temps si on peut la nommer véritablement une conscience. Nous sentons très bien dans ce scrupule, comme dans le refus d'en faire un sujet ou une personne, le même souci que l'on trouve dans la *théologie négative* de mettre Dieu, ou l'acte suprême de la création, au-dessus de tous les attributs par lesquels nous pouvons définir la conscience, en tant qu'elle est un objet de notre expérience. Mais il faut prendre garde que le privilège que l'on veut accorder à la pensée pensante sur la pensée pensée, en considérant la première comme créatrice et la seconde comme créée, se convertisse vite en un privilège en faveur de celle-ci, si c'est en elle seulement que jaillit la lumière hors de laquelle l'acte libre ne serait qu'un mot vide de sens.

Mais nous savons bien que tout ce qu'il y a dans la conscience empirique, c'est à la conscience transcendantale qu'elle l'emprunte : aussi ne peut-on les opposer que pour nous obliger à les rejoindre. Les formules de conclusion par lesquelles le livre se termine donneront satisfaction à ceux mêmes qu'avait pu inquiéter l'idée d'un Absolu impersonnel qui, au lieu de se reconnaître dans le Moi absolu de Fichte, voudrait en être la négation. On nous dit, dans une proposition radicale sur laquelle nous serions disposé à faire d'abord les plus sérieuses réserves : « Le corps humain est la mesure de toutes choses » ; mais c'est une proposition qu'il est pourtant nécessaire d'admettre si l'on veut qu'elle exprime seulement l'impossibilité où nous sommes d'abolir la conscience empirique. Et on en limite la portée aussitôt en ajoutant que « le corps ne suffit pas à toute explication », que « le sujet est capable de se créer à partir de lui et au-dessus de lui en se haussant ou en essayant de se hausser jusqu'au plan divin de la conscience transcendantale » et que « cette création qui prouve et assure ma liberté fait du monde un simple prétexte pour ma contemplation et pour mon action » ainsi que pour la contemplation et pour l'action des autres personnes avec moi. Qu'est-ce à dire, sinon que l'opposition et la relation entre les deux consciences expriment l'acte vivant par lequel le moi se constitue, que cet acte implique à la fois une initiative que nous exerçons et une efficacité toujours actuelle à laquelle il ne cesse d'emprunter le mouvement même qui le fait être, c'est-à-dire que cet acte est un acte de participation : idée que l'on retrouve sans doute encore dans les mots d'image et de reflet dont M. Bénézé se sert si souvent et qui seule peut fonder le succès d'une tentative où l'analyse la plus subtile et la plus soucieuse de rigueur cherche à retrouver dans la moindre parcelle de notre expérience les marques mêmes de la présence de l'Absolu.

3 octobre 1937.

VIII. UN NÉO-POSITIVISME

Le propre de notre époque, c'est de donner aux conflits qui naissent à l'intérieur de l'âme humaine et qui opposent l'une à l'autre ses exigences différentes une extraordinaire acuité. Alors que les plus grands penseurs de tous les temps ont toujours cherché à introduire entre toutes les puissances de notre vie, entre toutes les passions qui l'emportent, une unité d'autant plus pleine qu'elle réussissait à maintenir ensemble plus fortement des contraires qui cherchaient toujours à lui échapper, nous voyons aujourd'hui ces contraires s'affronter pour se livrer bataille, comme si pour que l'un pût vivre il fallait que l'autre pérît. Ce qui fait la beauté émouvante et tragique du destin où le monde moderne nous trouve engagés, c'est que chacune des tendances qui ont toujours divisé la conscience semble craindre qu'on ne la méconnaisse si elle ne se porte pas d'emblée jusqu'à son paroxysme. Elle rallie un groupe qui la nourrit de sa propre force, et qui prouve sa valeur en combattant un autre groupe rallié autour d'une autre tendance que l'on espère anéantir avec lui. Mais il n'y a point de puissance spirituelle qui puisse jamais s'abolir ; elle renaît dans la conscience même de celui qui pense l'avoir vaincue. La personne humaine ne se laisse point mutiler : elle est d'autant plus vigoureuse, d'autant plus libre qu'elle est plus capable de coordonner et de dominer toutes les passions qui l'agitent et que, malgré les périls dont elle est menacée, elle sait mieux réaliser la paix en elle et l'imposer autour d'elle.

Ces grands conflits ne se limitent pas, comme on le croit, au domaine politique. Ils reçoivent seulement dans ce domaine un relief plus saisissant parce que les intérêts et la vie des individus et des peuples s'y trouvent constamment affrontés. Mais les hommes qui croient lutter pour le pain ou pour le bonheur luttent toujours pour une idée à laquelle ils sont prêts à sacrifier le bonheur et le pain. Et ils ne craignent point d'exposer leur corps, comme s'il n'avait de sens que pour devenir le véhicule de leur esprit et lui fournir l'arme même dont il a besoin.

Les conflits de la pensée théorique, bien qu'ils soient plus secrets que les conflits de classes ou les conflits de partis, ne traduisent pas une moindre violence et comportent le même enseignement. On ne cesse de montrer ici que nous assistons depuis la guerre à une admirable renaissance de la pensée métaphysique dans tous les pays du monde, comme si l'angoisse même où nous vivons obligeait l'humanité à s'interroger chaque jour sur la signification de sa vie périssable et sur son rapport avec l'absolu ; et les doctrines métaphysiques s'opposent entre elles avec plus d'intrépidité qu'elles ne l'ont jamais fait, comme si le souci de pénétrer le mystère de notre existence n'avait jamais été pour nous plus pressant. Mais la métaphysique a retrouvé les adversaires qu'elle a eus à toutes les époques et qui, réduisant la science à une description de l'expérience externe, regardent comme des chimères toutes les questions qui la dépassent et par lesquelles l'esprit s'interroge sur ce qu'il est et ce qu'il fait dans le monde, sur le sens et l'usage de cette expérience même à laquelle on veut le subordonner. Que de telles questions continuent encore à solliciter la réflexion humaine et que, dès qu'elles sont posées, elles puissent retenir l'attention au point de faire paraître toutes les autres frivoles, cela suffit pour irriter les néo-positivistes qui les considèrent comme appartenant à l'enfance de l'humanité : ils les condamnent toujours en termes injurieux et ne veulent voir en elles que « verbalisme », « absurdités » ou « pseudo-problèmes ».

Ce mouvement de pensée a pris naissance à Vienne dans un groupe de penseurs connu sous le nom de *Wienerkreis*, que l'on traduit parfois par *Ecole de Vienne*. Les plus connus sont Carnap, Reichenbach, Franck et Neurath. Schlick, qui est mort récemment d'une manière tragique, occupait une position voisine. Ils ont trouvé dans la revue *Erkenntnis* l'instrument de leur action. Le néo-positivisme est situé au point de rencontre de deux courants différents : l'un, qui vient de Mach, où l'on tire de l'expérience toute la matière de notre connaissance ; l'autre, qui, par l'intermédiaire de Wittgenstein, vient de Bertrand Russell, où l'on adapte à cette matière un symbolisme permettant de la soumettre à des calculs logiques. Ainsi se constitue une doctrine que l'on peut appeler un empirisme logique et qui, empruntant à l'expérience des données et non point une simple voie d'accès dans le réel, à la logique un langage et non point une loi d'intelligibilité, se soucie seulement d'établir une correspondance entre ces données et ce langage, évite le problème, qui lui semble mal posé, de l'accord entre la pensée et la réalité, résiste aux idoles du rationalisme et se présente avec un dessin si net, une simplicité si élémentaire et si assurée que l'on explique assez facilement le succès qu'elle a obtenu dans les pays de l'Europe centrale et dans la jeune Amérique. Ce sont les philosophes de l'école de Vienne qui, avec la collaboration de M. Rougier, ont organisé le congrès international de philosophie scientifique qui s'est tenu à la Sorbonne en 1935 et dont les *Actes* viennent de paraître à la librairie Hermann en huit fascicules rédigés en plusieurs langues et qui sont pour nous remplis d'intérêt. Car ils montrent que, si l'empirisme logique a paru une base de discussion excellente, cette base s'est révélée extrêmement étroite, soit à la plupart des penseurs français qui renoncent difficilement au rationalisme cartésien, soit à des mathématiciens qui peuvent lui reprocher de s'en tenir, du côté de l'esprit, à un « formalisme exclusivement abstrait » et, du côté des choses, à un « réalisme rudimentaire ».

*

Il est d'ailleurs très facile d'expliquer comment ces deux tendances en apparence contradictoires parviennent à se joindre. Car elles marquent l'une et l'autre la même défiance à l'égard de la pensée, qui dans ses opérations propres ne réussit à constituer, comme le nominalisme l'a soutenu de tout temps, qu'un langage plus ou moins bien fait, et qui dès qu'elle se tourne vers le réel doit être incapable de le pénétrer et se contenter de le subir.

Le propre de la doctrine, c'est donc de supposer, d'une part, que le réel est le donné en soi, sans que nous ayons à nous demander ni comment il peut être posé, ni quel est son rapport avec l'esprit qui le pose (car c'est là le type même des pseudo-problèmes) ; et d'affirmer, d'autre part, que ce réel peut être décrit grâce à un ensemble de symboles qui doivent entrer dans un système de correspondances avec le donné même qu'ils symbolisent. En droit le monde symbolique dépasse le monde réel : ainsi l'espace géométrique apparaît encore comme le champ des rapports de situation entre les objets ; mais il y a pour ainsi dire un espace logique qui est le champ de leurs rapports possibles. « La logique, dit-on, ne suppose pas le monde actuel, mais seulement qu'il y a un monde. » Et le sens que nous donnons à une proposition appartient à l'ordre du possible, mais sa vérité appartient à l'ordre du réel. Seulement il y a des propositions qui n'ont ni sens ni vérité ; c'est qu'elles ne donnent lieu à aucune espèce de vérification. Parmi elles il faut ranger les propositions de la métaphysique. La métaphysique est comme « une maladie du langage due à une syntaxe grammaticale erronée ».

De là l'importance privilégiée de la théorie du langage dans les préoccupations de l'Ecole, comme on le voit par l'ouvrage de Carnap *Logische Syntax der Sprache* (Springer, Vienne.) Cet auteur distingue deux langages qui diffèrent l'un de l'autre par leur degré d'abstraction. L'un contient les énoncés de la science ou de la perception. L'autre contient seulement des énoncés logiques qui n'ont de sens que par rapport à des objets possibles et dictent les règles auxquelles obéissent toutes les transformations que nous pouvons opérer sur eux. Le formalisme n'est rien de plus qu'un langage qui permet d'édifier les mathématiques et, avec elles, la science tout entière. D'une manière générale, on admet dans l'Ecole qu'il ne peut entrer dans la connaissance d'autres propositions synthétiques que celles que l'on appelle des *protocoles* et qui sont des comptes rendus d'expériences, et qu'en dehors d'eux elle se réduit à un calcul logique, c'est-à-dire à des combinaisons purement formelles ayant un caractère exclusivement tautologique. De telle sorte qu'on peut évoquer avec Enriques l'idée d'une scolastique nominaliste qui, toute moderne qu'elle voudrait être, nous ferait remonter jusqu'à Occam. Seulement, il n'y a plus pour nous aujourd'hui d'autre type de savoir que le savoir scientifique. Il s'agit donc avant tout de constituer une science expérimentale. Et cet ensemble cohérent de propositions que la logique nous permet d'obtenir ne présente le caractère d'une connaissance que parce que grâce à elles nous pouvons retrouver les données de l'observation. C'est donc qu'il n'y a

TROISIÈME PARTIE

qu'un seul type de connaissance, qui est la connaissance physique, comme il n'y a qu'un seul critère de vérité, qui est la vérification objective. La logique se constitue par une série d'abstractions, mais qui ne doivent pas nous faire perdre le contact avec les choses. De telle sorte que ce nominalisme est en même temps, selon l'heureuse expression de Neurath, un « physicalisme ».

Il n'y a point de doctrine qui soit plus claire ni qui éclate partout d'une évidence plus provocante. Mais cela même nous induit en défiance. On s'étonne que cette synthèse d'un formalisme qui n'est qu'un simple mécanisme et d'une expérience réduite au fait brut puisse suffire à aucune pensée. Cette ardeur combative et juvénile qu'on nous montre se satisfait à trop bon compte ; elle s'enivre de certaines recettes que l'esprit a découvertes sans vouloir qu'il s'interroge soit sur lui-même qui les crée, soit sur cette réalité à laquelle il les adapte mais dont la vraie nature doit lui échapper toujours. On a dit du positivisme qu'il était un extraordinaire ascétisme intellectuel : comme tous les ascétismes, il maudit et rejette au néant tout ce qu'il s'interdit à lui-même. Et l'on croit entendre Comte qui craignait toujours que l'on ne poussât la réflexion au-delà de la première démarche par laquelle elle découvre la loi des phénomènes, comme si la lumière même qu'elle nous donne risquait toujours d'être troublée dès que l'on tentait de remonter vers la source même qui la produit. L'effort de l'Ecole de Vienne, c'est de restreindre les prétentions de notre entendement, de lui apprendre à limiter sa curiosité. Il n'y a point d'expression dont elle fasse un plus fréquent usage que de l'expression *ne... que* : elle veut que la philosophie *ne* soit *qu*'une analyse logique du langage scientifique, que le philosophe se résigne à *n*'être *que* le grammairien de la science. Mais, si le mot philosophie enveloppe toujours l'idée d'une *sagesse*, d'une justification du fait, et non pas de son simple enregistrement, d'une vie de l'esprit qui cherche à comprendre le réel afin d'inscrire en lui les fins humaines les plus hautes, peut-on espérer que l'Ecole de Vienne accepte de renoncer elle-même un jour au nom de philosophie, sans considérer pourtant la philosophie tout entière comme une recherche stérile et désuète ?

On est frappé de voir dans les *Actes du congrès* toutes les résistances que les idées de cette école ont rencontrées de la part des savants, et non point seulement des philosophes. Ils sont unanimes à penser qu'elle pose les problèmes de la connaissance avec une particulière fermeté, mais il y en a très peu qui acceptent d'enfermer l'esprit dans des lisières aussi étroites. Et par là l'Ecole de Vienne fournira sans doute l'occasion d'un renouvellement fort utile dans la théorie du savoir. Ce qu'on lui reproche presque toujours, c'est de limiter l'action de l'esprit à la création de symboles indifférents par eux-mêmes, dont il suffit qu'ils correspondent formellement au donné pour que la connaissance se constitue. Ce que l'on voudrait, au contraire, c'est que l'opération même par laquelle l'esprit appréhende ou représente le réel nous permît de pénétrer en lui et d'avoir en quelque sorte prise sur lui : Tarski ne se contente pas du formalisme logico-mathématique auquel on prétend réduire la connaissance, il cherche une définition sémantique de la vérité capable d'assurer l'accord du calcul avec le réel ; Schlick, lui-même, pense qu'il y a une vérité de la loi qui reste la même quelles que soient ses méthodes de vérification, et qui explique pourquoi la constatation intuitive des faits attendus remplit notre âme d'une joie, qui est la joie même du contact enfin obtenu avec le réel ; Gonseth veut que les actions de la logique nous donnent une prise de possession du concret grâce à une abstraction simplificatrice, ce qui permet d'établir une parenté profonde entre l'objet mathématique et l'objet réel, entre la ligne du géomètre et la reproduction grossière que l'expérience nous en donne. Chevalley, d'un autre côté, note l'effort personnel que fait le savant pour introduire dans le mécanisme logique qu'il utilise la vie et les besoins mêmes de l'esprit ; Rougier, Lautman montrent des exigences analogues. La question se pose donc aujourd'hui comme autrefois de savoir comment pourra se produire cet accord exigé par la connaissance, dès sa première démarche, entre une opération de l'esprit, qui dépasse le pur symbolisme parce qu'elle a l'ambition de comprendre la réalité, et une réalité capable de répondre à ses exigences et qui n'est elle-même ni rebelle ni indifférente à l'intelligibilité. Il faut donc que nous acceptions cette idée que le propre de l'esprit, c'est d'exprimer, dans chacune de ses opérations, notre puissance de participation à l'égard de l'univers dans lequel il nous fait pénétrer de plus en plus profondément à mesure que nous nous éloignons davantage de l'aspect purement donné sous lequel il se présentait d'abord à nos sens.

TROISIÈME PARTIE

Mais n'est-ce point réintégrer la valeur de cette métaphysique dont on avait pensé nous délivrer à jamais ? Car la métaphysique ne peut être confondue avec l'image que nous en donnent ses adversaires. Il n'y a pas de monde métaphysique constitué par des objets situés au-delà de toute expérience et dont nous poserions l'existence par un acte d'imagination auquel un langage confus prêterait une sorte de soutien. Il y a une expérience métaphysique qui est celle d'un acte accompli réellement par l'esprit, toujours corrélatif d'un objet donné et qui cherche à rendre compte à la fois de sa possibilité et de sa structure. On ne manquera pas de nous dire que l'acte dont nous parlons n'est rien de plus qu'un symbole qui peut bien correspondre à l'objet, mais n'a point avec lui plus d'affinité que la notation musicale avec la mélodie. Nous ne nous en laisserons pas imposer par une telle comparaison. Car derrière la notation musicale il y a un ordre conçu et voulu par l'esprit dont la mélodie est à la fois l'effet physique et l'écho sensible. Nous pensons qu'il y a un passage de cet ordre pensé à cette qualité perçue. C'est dans la recherche de ce passage dont on veut contester l'utilité ou la possibilité que réside la métaphysique véritable. Et son domaine dépasse singulièrement celui de la science ; car elle met en jeu l'efficacité de l'esprit non point seulement dans l'explication du monde que nous avons sous les yeux, mais dans la production de toutes les valeurs humaines : de la beauté et de la moralité, aussi bien que de la vérité. Partout il s'agit pour nous de franchir l'intervalle qui sépare une attitude intentionnelle de la conscience d'un ouvrage où elle cherche à se retrouver et pour ainsi dire à s'incarner. C'est cette adéquation réciproque de l'esprit et du réel, toujours menacée et toujours poursuivie, qui, au-delà du pur schématisme logique, qui ne suffit même pas à la science, et à travers toutes les conquêtes de la conscience, constitue l'objet profond de la recherche métaphysique ; un tel objet ne cesse de solliciter la réflexion de tous ceux qui pensent, même s'ils méconnaissent la métaphysique et prétendent se passer d'elle.

Le néo-positivisme est, si l'on peut parler ainsi, une conception totalitaire de la science réduite à un pur langage. Le congrès de Paris a permis à ses principaux représentants de défendre leur thèse avec beaucoup de talent, de la confronter avec d'autres théories de la connaissance qui l'obligeront sans doute à s'approfondir et à s'élargir. Il a décidé de réaliser sous les auspices du *Mundaneum Institute* de la Haye le plan d'une *Symbolique universelle* et d'une *Encyclopédie internationale pour la science unitaire.* On ne peut attendre que les meilleurs résultats du rapprochement qui se produira ainsi entre des penseurs très différents, appartenant à tous les pays de l'Europe, et qui, au lieu de parquer l'esprit humain dans certaines barrières et de jeter l'anathème sur ce qui les dépasse, seront amenés à reconnaître que tous les domaines de la pensée sont solidaires les uns des autres et qu'il n'y a point de progrès accompli dans l'ordre de la science qui n'engage le problème du rapport de notre conscience avec le réel et, par conséquent, celui de sa destinée tout entière.

27 décembre 1936.

ISBN : 978-2-37976-205-5